APA *POCKET* GUIDES

FLORIDA Keys

SLOPPY

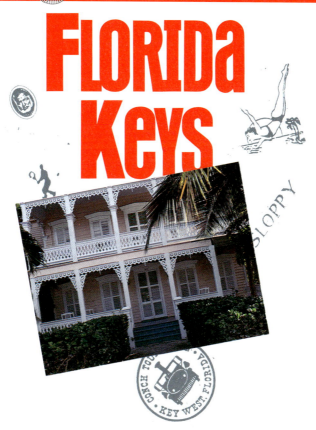

D1705051

APA PUBLICATIONS

Der Süden von Florida

25 Meilen / 40 km

Guten Tag!

Die Florida Keys sind eine Reihe tropischer Inseln, die aus Korallenriffen bestehen, mit Nationalparks durchsetzt, von traumhaften Stränden gesäumt und mit fangfrischem Hummer. Hier fischte schon Hemingway, trank er viel Rum und schrieb einige Bücher. Hier können Sie Delphine und seltene Vögel beobachten oder auch nur am Strand auf die Suche nach Treibgut gehen. Die Schönheit der Inseln, ihr Klima und die Tatsache, daß sie leicht zu erreichen sind, haben sie beliebt gemacht. Man hat sie als „Amerikas Ferienparadies" bezeichnet und damit erreicht, daß die Keys auch ein kräftiges Maß an touristischer Überentwicklung hinnehmen mußten. Andererseits: Der Bau von Hotels macht den Besuchern das Leben um vieles angenehmer und hat die ursprüngliche Natur – noch nicht – zerstört.

Auf den folgenden Seiten führt Sie unsere umweltbewußte Korrespondentin durch die Keys und weist Sie auf Orte hin, die Sie unbedingt gesehen haben sollten, und auf die versteckten Winkel, die diesen Inseln ihren besonderen Charakter geben.

 Joann Biondi hat auch den Apa Guide Miami sowie die Apa Pocket Guides Florida und Miami geschrieben. Sie lebt seit 20 Jahren im Süden von Florida und zieht sich immer wieder mal vom Trubel der Großstadt Miami auf die Keys zurück. Sie hat ihre Veränderungen erlebt und gelernt, sich damit abzufinden: Wie alle Ferienparadiese der Welt wird auch dieses lebhaft besucht. Die von der Autorin zusammengestellten Routen werden Sie in die Geheimnisse der Keys einweihen. Auch Sie können so die einzigartige Mischung von Altem und Neuem, von Schickem und Flippigem schätzen lernen.

Hans Höfer
Verleger und Herausgeber

I N H A L T

Seiten 2/3:
Die Duval Street von
Key West

kunden Sie sie anschließend gemächlich zu Fuß. Sie könnten das *Mel Fisher Maritime Museum,* das *Key West Aquarium* und das *Hemingway House* besuchen. Lunch im *Margaritaville Café,* Besichtigung des *Wreckers Museum,* bevor Sie sich einen Frozen Daiquiri bei *Sloppy Joe's* gönnen. Beenden Sie den Tag ganz traditionell, indem Sie den Sonnenuntergang vom *Mallory Square* aus betrachten, auf dem auch zahlreiche Straßenkünstler auftreten. **45**

7 Dieser Tag ist etwas ruhiger: Spaziergang durch das *Bahama Village,* Lunch im karibischen *Blue Haven Restaurant* und anschließend Besichtigung des eigenartigen *Key West City Cemetery* und ein Blick auf das *Tennessee Williams House.* **54**

8 Der Rundgang beginnt am *East Martello Tower* mit *Historical Museum and Art Gallery* und führt dann zum *West Tower.* Verbringen Sie den Nachmittag an den Stränden, oder beobachten Sie die Watvögel im *Thomas Riggs Wildlife Refuge.*..............................**57**

Ein Ausflug

9 Mit dem Wasserflugzeug zum abgeschiedenen *Fort Jefferson* auf den *Dry Tortugas,* etwa 100 Kilometer von Key West entfernt. Besichtigung der imposanten Festung, Schwimmen und Schnorcheln im klaren Wasser, das die Inseln umgibt.............................**60**

Seiten 8/9:
Die Unterwasserwelt
der Keys

Einkaufen, Essen & Ausgehen

Was Sie wo kaufen, wo Sie gut essen und danach sich gut unterhalten lassen können..............................**62**

Feiertage & Ereignisse

Eine Liste der Feiertage und Feste, der Angelwettbewerbe und anderer Festivitäten. **73**

Wissenswertes

Wie Sie auf die Keys kommen, die beste Reisezeit, Unterkünfte, an wen Sie sich bei Notfällen wenden können und eine Vielzahl weiterer nützlicher Infos. **76**

Fahren Sie mit geöffnetem Fenster den Overseas Highway Richtung Süden, dann sagt Ihnen zuerst Ihr Geruchssinn, daß hier etwas anders ist. Eine angenehme Geruchsmischung, Salz, Seetang, Fisch und Brackwasser, steigt auf und klärt Ihre Sinne darüber auf, daß Sie etwas Einzigartiges erwartet. Bei Ebbe kann einen dieser erste Hauch der Florida Keys auch schon einmal überwältigen, er ist aber trotzdem immer sehr angenehm.

Der erdige Geruch geht von der Kette der 31 Kalksteininseln aus, die sich an die Südspitze der Halbinsel Florida anschließen, und hat seit Hunderten von Jahren die Reisenden willkommen geheißen. In unseren Tagen begrüßt er die hier mittlerweile die Szenerie beherrschenden Touristen.

Frühgeschichte

Vor etwa 1000 Jahren lebten die Calusa-Indianer in den Mangrovensümpfen und zwischen den Felsen der Florida Keys. Archäologen haben Spuren einer relativ hochentwickelten Gesellschaft entdeckt. Gefäße aus rotem Ton wurden zum Kochen verwendet, und es gab bereits primitive Methoden des Ackerbaus. Was Jagd und Fischfang einbrachten, wurde durch diverse Feldfrüchte ergänzt.

Die interessantesten archäologischen Funde sind die mächtigen Grabhügel, die vermutlich zu Ehren der Häuptlinge und anderer wichtiger Stammesmitglieder aufgehäuft wurden. Wie das Leben der

Die Ureinwohner auf einer französischen Skizze von 1564

übrigen Urbevölkerung in Nordamerika veränderte sich auch das der Calusa-Stämme mit der Ankunft der europäischen Entdecker im 16. Jahrhundert einschneidend.

Der Spanier Juan Ponce de León, der nach dem Jungbrunnen suchte, kam 1513 als erster Europäer auf die Keys und nannte sie „Los Martires", die Märtyrer. Die Inseln machten auf ihn einen so verlassenen Eindruck wie christliche Märtyrer. Der Name ist nicht mehr in Gebrauch. Einige sandige Inseln jedoch, etwa hundert Kilometer von Key West entfernt, tragen noch den ihnen von Ponce de León übertragenen Namen „Dry Tortugas" (Tortuga, spanisch: Schildkröte), da sie angeblich den Panzern von Schildkröten ähnlich sehen. Möglich ist aber auch, daß Ponce de León am Strand auf Schildkröten stieß. Im 16. Jahrhundert kamen weitere spanische Entdecker, die länger als Ponce de León blieben. Die Calusa-Indianer wurden versklavt, starben beim Versuch, ihr Land zu verteidigen, oder an den neuen europäischen Krankheiten. Die Spanier entdeckten auch Key West und nannten es „Cayo Hueso", Insel der Knochen, wegen der Berge von Menschenknochen, die die Indianer dort zurückgelassen hatten.

Im 18. Jahrhundert fischten die englischen Siedler der Bahamas in den Gewässern bei den Keys und wurden durch die Bergung und anschließende Plünderung gesunkener Schiffe reich. Das sogenannte „Wrecking" war auf den Keys daher immer ein einträgliches Geschäft. Die Grenzen zur Piraterie waren fließend. Zweifelhafte Zeitgenossen hängten Laternen in Palmen, um den Kapitänen Seezeichen vorzugaukeln, und schon liefen die Schiffe auf den Riffen auf Grund. Die Strandräuber erboten sich daraufhin, die Ladung der sinkenden Schiffe gegen eine Beteiligung zu bergen. Diese Praxis existierte bis ins 19. Jahrhundert, als Leuchttürme errichtet und Bojen über den Riffen installiert wurden. Key West besitzt ein Museum zur Geschichte dieser Strandräuberei.

Die Conchs

Im Jahre 1821 trat Spanien Florida an die USA ab. Im folgenden Jahr kamen die ersten Siedler nach Key West, die auf Dauer blieben, eine Gruppe „Conchs" (ausgesprochen *konks*) von den Bahamas. Es handelte sich um britische Loyalisten, die während der amerikanischen Revolution auf die Bahamas geflohen waren, unabhängige und einfallsreiche Leute, benannt nach den großen Schneckenmuscheln, deren Fleisch sie so gerne aßen und deren

Versorgung per Boot

Gehäuse sie als Trompete benutzten. Zu dieser Zeit richtete die US-Regierung die erste Navy Pirate Fleet in Key West ein, um die Piraten abzuwehren, die vor der Küste kreuzten. Die Siedler hatten es auch noch mit einer anderen Bedrohung zu tun, gegen die weder die Regierung noch die Marine viel ausrichten konnte: den dichten Moskitoschwärmen, die weidende Kühe einhüllten und ganze Gebäude schwarz erscheinen ließen.

John A. Whitehead, John W.C. Flemming, Pardon C. Greene und John W. Simonton gehörten zu den ersten und aggressivsten Bauunternehmern in Key West, nach denen heute noch Straßen benannt sind. Obwohl sich Wachstum im amerikanischen Stil abzeichnete, erinnerte die geschäftige Hafenstadt immer noch mehr an einen Vorposten Kubas, das nur 150 Kilometer entfernt liegt, oder an eine der westlichen Inseln der Bahamas. Kulturell und geschäftlich hatte Key West mehr mit Nassau und Havanna zu tun als mit der Provinzhauptstadt Pensacola im Norden Floridas.

Im Jahr 1845 wurde Florida der 27. Staat der Vereinigten Staaten. Die Einwohnerzahl von Key West stieg auf 2700. Während des Amerikanischen Bürgerkriegs schlug sich Florida auf die Seite des Südens, also auf die Seite der Konföderierten. Key West wurde von Truppen der Union besetzt, die Kriegsschäden waren hier jedoch im Gegensatz zum übrigen Florida (schätzungsweise 5000 Tote und 20 Millionen Dollar Schaden in den Städten) minimal. Sklaverei kannte man auch auf den Keys, und zwar schon vor dem Bürgerkrieg, die Wirtschaft war jedoch nie von ihr abhängig gewesen. Obwohl Key West die südlichste Stadt der kontinentalen USA war, hatte es kaum den Charakter einer Südstaatenstadt.

Im Auftrag der Regierung wurde 1874 das unbebaute Land auf den Keys vermessen und in Homesteads aufgeteilt. Wenig später siedelten Fischer und Bauern auf den Upper und Middle Keys, einem Gebiet, das damals Outside Keys hieß. Diese Siedler, die hart im Nehmen und erfindungsreich waren, bauten sich Häuser aus Treibholz und Korallenfelsen, pflanzten Kokospalmen und Zitrusbäume und wickelten fast ihren gesamten Handel mit dem Boot ab.

Der Boom setzt ein

Während der 1880er Jahre steckte die amerikanische Regierung Millionen in die Entwicklung der Wirtschaft, und Key West wurde eine Boom Town. 1890 war der Ort nicht nur die größte Stadt in Florida, hier war das Pro-Kopf-Einkommen der Bevölkerung auch am höchsten in den USA. Das Geschäft mit dem „Wrecking" war zwar stark rückläufig, andere Unternehmungen waren aber überaus profitabel, außerdem legal und weniger unsozial als die Strandräuberei. Probleme gab es hier langfristig jedoch auch.

Die Schwammzucht der Keys lieferte zeitweilig 90 Prozent aller Naturschwämme der USA. Die Zigarrenindustrie war ebenfalls sehr gewinnbringend. Eine Gruppe kubanischer Siedler, die über 6000 kubanische Arbeiter beschäftigten, stellte die weltberühmten Zigarren her, eine regelrechte Goldmine. Zu Spitzenzeiten wurden in Key West 100 Millionen Zigarren im Jahr hergestellt, die sogar einen besseren Ruf hatten als die aus Havanna.

Mit den Kubanern kamen politische Intrigen auf die Inseln. In Key West plante der kubanische Schriftsteller und Patriot José Martí die Revolution, die zur Unabhängigkeit Kubas von Spanien im Spanisch-Amerikanischen Krieg 1898 führte. Anhänger der Revolution schmuggelten Waffen und Munition von Key West nach Kuba und versammelten sich in den Cafés, um über die Zukunft ihres Landes zu beraten. Das San Carlos Institute, heute das kubanische Kulturinstitut und Museum, war früher ein politischer Club, in dem sich viele der kubanischen Aktivisten Key Wests versammelten, und ein beliebtes Opernhaus.

Bis 1905 waren die Keys vom Festland aus nur mit dem Schiff zu erreichen. In diesem Jahr erkannte der Eisenbahnmagnat und pensionierte Ölbaron Henry M. Flagler, daß der Hafen von Key West auch für Hochseeschiffe geeignet ist, und beschloß, seine Florida East Coast Railroad bis dorthin auszubauen. Sieben Jahre unmenschlich harter Arbeit waren nötig, die Brücken zu bauen und die Gleise zu verlegen. Das monumentale Unternehmen kostete 50 Millionen Dollar und mindestens 700 Arbeitern das Leben. Von Krankheit gezeichnet starb Henry M. Flagler, kurze Zeit nachdem

Umzug anläßlich der Fertigstellung der Eisenbahn

die Bahnstrecke 1912 fertiggestellt worden war. Er erlebte jedoch noch, daß die erste Ladung Frischwaren aus der Karibik von Key West aus auf das Festland der USA transportiert wurde.

Während der beginnenden zwanziger Jahre und der Prohibition wurden die Keys ein Hauptumschlagplatz für illegale Alkoholika und ein Paradies für Rumschmuggler. Die 1927 gegründeten *Pan American World Airways* richteten eine regelmäßige Verbindung zwischen Key West und Havanna ein: Das exotische Nachtleben und die Kasinos Kubas standen bei nordamerikanischen Touristen hoch im Kurs. Wenig später entdeckte der Schriftsteller Ernest Heming-

Hemingway mit Sohn und Beute

way den Charme der Keys und machte Key West zu seinem Winterdomizil. Hemingway war der erste einer ganzen Reihe prominenter Schriftsteller, die sich in Key West niederließen und die Stadt über die Grenzen der USA hinaus bekannt machten. Nach ihm kamen u.a. Elizabeth Bishop, Alison Lurie, John Hersey, James Merrill, Tom McGuane und Phil Caputo. Der Pulitzer-Preisträger Tennessee Williams liebte Key West ebenfalls, und seit den fünfziger Jahren bis zu seinem Tod 1983 verbrachte er viele Jahre hier. Auch heute arbeiten viele bekannte Autoren in Key West.

Die dreißiger Jahre waren keine gute Zeit, obwohl das Nachtleben blühte, sich viel Prominenz auf den Inseln ansiedelte und die ersten Touristen kamen. Arbeitskämpfe führten zur Verlegung der Zigarrenindustrie nach Tampa, und 1935 verwüstete ein namenloser Killer Hurricane die Upper Keys und machte aus der Florida East Coast Railroad Kleinholz. Der Wind erreichte Geschwindigkeiten von über 300 km/h und die Flutwelle eine Höhe von sechs Metern: Über 800 Menschen starben und wurden auf Scheiterhaufen verbrannt, um die Ausbreitung von Seuchen in der drückenden Hitze zu verhindern.

Da durch den Wirbelsturm die Verbindung der Keys zum Festland unterbrochen war, wurde mit dem Bau des Overseas Highway begonnen. 1938 konnte die Straße eingeweiht werden, auf der die einheimische Bevölkerung und – noch wichtiger für das Wirtschaftsleben der Keys – die Touristen die 159 Meilen von Key West nach Miami mit dem Auto zurücklegen konnten. Der Highway folgte der alten Bahnlinie, erfreute sich bald größter Beliebtheit und führte auf den verschlafenen Upper und Middle Keys zu einem wirtschaftlichen Aufschwung ohnegleichen.

New Highway Built Over the Old Florida East Coast Railway Viaducts

Key-West-Werbung 1938: Stolz auf den neuen Highway

Der Tourismus schlägt Wurzeln

Obwohl die Keys schon in den dreißiger Jahren zu einem Touristenmekka geworden waren, stiegen die Besucherzahlen erst nach dem Krieg und vor allem in den fünfziger Jahren dramatisch an. Daß Präsident Harry S. Truman die Ferien in Key West in seinem Little White House verbrachte, erhöhte noch die Attraktivität der Region. Was dem Präsidenten der Vereinigten Staaten gut war, sollte dem amerikanischen Normalbürger billig sein. Immer mehr Amerikaner packten ihre Sachen und machten sich in ihren Autos auf die lange Reise den Overseas Highway entlang. Einfache Familienmotels, rustikale Ferienhäuschen und Campingplätze, die ganz auf die Bedürfnisse dieser Touristen abgestellt waren, schossen aus dem Boden. Ein dichtes Netz von Restaurants, Andenkenläden und Sportboothäfen wurde angelegt. Die Keys werden heute jedes Jahr von etwa drei Millionen Touristen überschwemmt: Der Tourismus bestimmt 90 Prozent des Wirtschaftslebens der Region.

Auf den Spuren von Tennessee Williams, der nach 1950 fast zehn Jahre auf den Keys verbracht hatte, kamen in den fünfziger Jahren viele homosexuelle Künstler, Schriftsteller und Musiker in die Stadt. Ihre Zahl nahm in den kommenden Jahrzehnten weiter zu. Sie sind weitgehend für Key Wests städtebauliche und künstlerische Erneuerung in den achtziger Jahren verantwortlich. Viele der interessantesten Galerien, Restaurants und Bars werden auch heute von Homosexuellen betrieben.

Die kubanische Revolution Fidel Castros von 1959 brachte Key West das Chaos. Tausende von Menschen strömten auf der Flucht vor der kommunistischen Machtübernahme in die Stadt. Obwohl die meisten dieser Einwanderer später die Küste entlang nach Miami weiterzogen, belasteten ihre Ankunft und die Einwanderungsformalitäten die Stadt über viele Jahre. 1980 erreichten 125 000 Kubaner, viele von ihnen entlassene Strafgefangene, Key West. Präsident Castro hatte ihnen gestattet, Kuba über den Hafen Mariel zu verlassen. Diese „Marielitos" wurden von einer Flotte amerikanischer Fischer- und Sportboote, der Freedom Flotilla, nach Key West gebracht. Die meisten zogen weiter nach Miami, aber im friedlichen Key West brach erneut das Chaos aus. 1994: Wieder wird Key West von einer Fluchtwelle aus Kuba erschüttert.

Die Inselmentalität

Als im April 1982 das FBI bei einem Versuch, den Drogenhandel und die illegale Einwanderung in den Griff zu bekommen, Straßensperren errichtete, gingen die Einheimischen auf die Barrikaden. Hunderte versammelten sich auf dem Mallory Square, hißten eine Flagge, die mit einer Conch geschmückt war, und erklärten ihre Sezession vom Bundesstaat Florida. Sie gaben Pässe aus und erklärten ihr Land zur Conch Republic. Die Feier dauerte eine Woche und findet inzwischen unter großer Beteiligung jedes Jahr statt.

Die Inselmentalität durchdringt alle Aspekte des Lebens der Conchs. Heute noch führen die Nachfahren diesen Namen und genießen ihre Unabhängigkeit. Obwohl ihre Zahl abnimmt, genießen die Conchs (ein wahrer Conch hat als Geburtsort den Felsen von Key West) immer noch Respekt und sind Zugereisten gegenüber, die ihr neuerworbenes Inselgefühl ausleben, etwas hochmütig. Bei vielen Neuankömmlingen handelt es sich um hoffnungsvolle Schriftsteller und andere Künstler, Fischer und Pensionäre aus dem Nordosten und mittleren Westen der USA, die sich

Akrobatik auf dem Mallory Pier

nach Sonne sehnen und von den vorteilhaften Steuergesetzen Floridas profitieren wollen, sowie um ehemalige Hippies, kubanische Flüchtlinge, Anhänger des New Age, Straßenkünstler und Leute, die der Langeweile sonstwo entrinnen wollen.

Für sie bedeutet das Leben auf den Keys, nie mehr Socken tragen oder mit der U-Bahn zur Arbeit fahren zu müssen. Hier können sie den ganzen Tag Rum trinken, angeln oder entspannt einen Tag nach dem andern vergehen lassen. Die etwa 80 000 Einwohner der Keys sind – salopp formuliert – am besten als eine lockere Bande von Anarchisten zu beschreiben. Lassen Sie sich von der Verrücktheit der Inselbewohner ein wenig anstecken, das erfrischt.

Zeittafel

um 1000 Die Calusa-Indianer besiedeln den Süden Floridas und die Keys.

1513 Der spanische Konquistador Juan Ponce de León entdeckt auf der Suche nach dem Jungbrunnen Florida und tauft die felsigen Florida Keys „Los Martires", die Märtyrer.

um 1550 Spanische Siedler versklaven viele Calusa-Indianer. Andere sterben an den fremden europäischen Krankheiten.

nach 1700 Englische Siedler von den Bahamas fischen in den Gewässern um die Keys. Die Plünderung gestrandeter und gesunkener Schiffe macht sie reich. Strandräuberei wird ein einträgliches Geschäft.

1821 Spanien tritt Florida und die Keys an die Vereinigten Staaten ab.

1822 Die ersten ernsthaften Siedler, die „Conchs" von den Bahamas, kommen nach Key West. Die US Navy Pirate Fleet wird eingerichtet, um Piratenschiffe fernzuhalten.

nach 1830 Die Calusa-Indianer sterben auf den Keys aus.

1845 Florida wird der 27. Staat der USA.

1855 Die Einwohnerzahl von Key West erreicht 2700.

1861–65 Amerikanischer Bürgerkrieg. Florida unterstützt den Süden, die Konföderierten.

1874 Regierungsstellen vermessen die Keys und teilen sie in Parzellen (Homesteads) auf, um die Besiedlung zu beschleunigen.

1880–90 Schwammzucht und Zigarrenindustrie machen Key West zur Stadt mit dem höchsten Pro-Kopf-Einkommen in den USA.

1889 Spanisch-Amerikanischer Krieg. Waffenschmuggel von Key West nach Kuba zur Unterstützung der Revolution.

1905–12 Henry M. Flagler baut seine Florida East Coast Railroad von Miami bis Key West aus.

1919 Während des Ersten Weltkriegs verabschiedet die Regierung der USA die Prohibitionsgesetze, die die Herstellung, den Verkauf und den Konsum von Alkohol verbieten. Die Florida Keys sind in den zwanziger Jahren ein Paradies der Rumschmuggler.

1927 Die Pan American World Airways werden gegründet. Sie bietet Linienflüge von Key West nach Havanna an.

1931–40 Der Schriftsteller Ernest Hemingway verbringt die Winter in Key West. Andere bekannte Autoren folgen ihm. Die Stadt wird zu einem Mekka für Touristen.

1935 Ein namenloser Wirbelsturm trifft die Upper Keys, über 800 Menschen finden den Tod. Die Eisenbahn ist nur noch Kleinholz.

1938 Der berühmte Overseas Highway, eine fast 180 Kilometer lange Straße, die Key West mit dem Festland verbindet, ersetzt die Florida East Coast Railroad.

1946–53 Präsident Harry S. Truman macht im Little White House in Key West Ferien.

nach 1950 Nach dem Zweiten Weltkrieg boomt der Tourismus und erreicht Florida und Key West.

1953 Tennessee Williams läßt sich in Key West nieder.

1959 Fidel Castro kommt in Kuba an die Macht, ein Jahrzehnt lang strömen Flüchtlinge nach Key West, von denen viele jedoch nach Miami weiterziehen.

1980 Die Freedom Flotilla, eine Flotte von Privatbooten, erreicht mit 125 000 kubanischen Flüchtlingen („Marielitos"), die von Präsident Castro entlassen worden sind, Key West.

1982 Bewohner der Keys, verärgert von Straßensperren gegen den Schmuggel von Drogen, erklären die Sezession von Florida und rufen die Inseln zur „Conch Republic" aus. Die Zeremonie ist heute alljährlich Anlaß eines großen Festes.

1990 Die Florida Keys werden zum National Marine Sanctuary erklärt. Neubauten, die die Landschaft zerstören, sind nicht mehr zulässig.

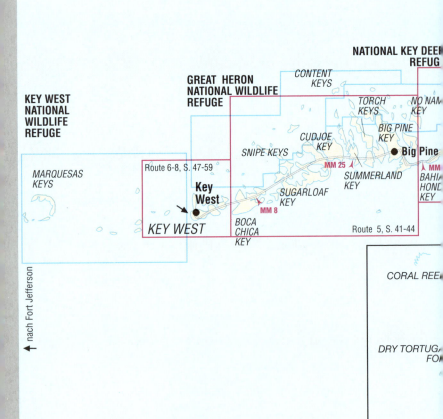

Die Florida Keys

12 Meilen / 18 km

N

Golf von Mexiko

NATIONAL KEY DEE
REFUG

CONTENT
KEYS

GREAT HERON
NATIONAL WILDLIFE
REFUGE

TORCH
KEYS

NO NAM
KEY

BIG PINE
KEY

KEY WEST
NATIONAL
WILDLIFE
REFUGE

CUDJOE
KEY

● **Big Pine**

SNIPE KEYS

MM 25

MM

MARQUESAS
KEYS

SUMMERLAND
KEY

BAHI
HOND
KEY

Route 6-8, S. 47-59

Key
West

SUGARLOAF
KEY

KEY WEST

MM 8

BOCA
CHICA
KEY

Route 5, S. 41-44

← nach Fort Jefferson

CORAL REE

DRY TORTUG
FO

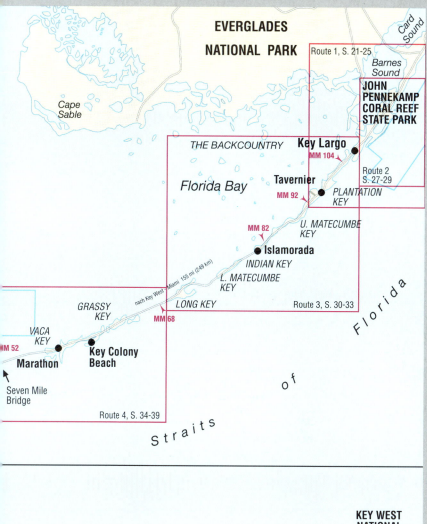

EVERGLADES

NATURAL PARK

Card
Sound

Route 1, S. 21-25

Barnes
Sound

JOHN
PENNEKAMP
CORAL REEF
STATE PARK

*Cape
Sable*

THE BACKCOUNTRY

Key Largo

MM 104

Route 2
S. 27-29

Florida Bay

Tavernier

MM 92

*PLANTATION
KEY*

*U. MATECUMBE
KEY*

MM 82

Islamorada

INDIAN KEY

*L. MATECUMBE
KEY*

nach Key West–Miami 155 mi (249 km)

*GRASSY
KEY*

LONG KEY

Route 3, S. 30-33

MM 68

F l o r i d a

*VACA
KEY*

MM 52

Marathon

**Key Colony
Beach**

Seven Mile
Bridge

Route 4, S. 34-39

S t r a i t s

o f

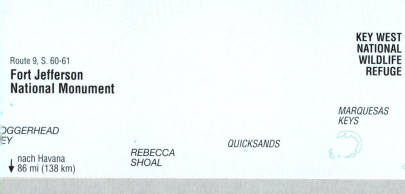

KEY WEST
NATIONAL
WILDLIFE
REFUGE

Route 9, S. 60-61
**Fort Jefferson
National Monument**

*MARQUESAS
KEYS*

OGGERHEAD
EY

nach Havana
86 mi (138 km)

*REBECCA
SHOAL*

QUICKSANDS

Paradies mit Pool und Palmen

Die 31 Inseln der Florida Keys sind durch 42 Brücken und Dutzende von Dämmen miteinander verbunden.

Der Einteilung der Keys in Upper Keys, Middle Keys und Lower Keys entspricht auch die Gliederung dieses Buches. Der Overseas Highway, gelegentlich etwas eintönig, immer jedoch landschaftlich reizvoll, führt über die gesamte Inselkette und endet auf der wichtigsten Insel, auf Key West.

Jeder der drei Regionen sollten Sie zumindest einen ganzen Tag widmen, mehrere, wenn Sie mehr Zeit haben. Beschrieben werden die Hauptsehenswürdigkeiten, die alle über den Overseas Highway zu erreichen sind. Sie können sich das herauspicken, was Ihnen am meisten zusagt.

Es ist mit Ausnahme von Key West fast unmöglich, sich ohne Auto fortzubewegen. Bei den Routen wird häufig auf die Mile Marker (MM) verwiesen, die auf den Keys häufig die Hausnummern ersetzen. Vorgeschlagen wird auch ein Ausflug mit dem Schiff oder dem Flugzeug zum Fort Jefferson auf den Dry Tortugas, die etwa 100 Kilometer von Key West entfernt liegen.

Wie Sie Ihre Reise planen, hängt ganz davon ab, was Sie sehen und unternehmen wollen. Sie können seltene Vögel beobachten, Forts aus der Zeit des Bürgerkriegs erkunden, Delphinen bei ihren Kunststücken zusehen, das Haus des Schriftstellers Hemingway besichtigen und die Schätze aus gesunkenen spanischen Galeonen betrachten. Es besteht auch die Möglichkeit zu tauchen und zu segeln. Falls Sie nur die Sonne und die entspannte Atmosphäre genießen wollen, sollten Sie Hemingways Lieblingsbars besuchen, vor einem

Glas mit dunklem Rum sitzen und sich um nichts in der Welt kümmern. Sie werden vermutlich eine ganze Reihe von Leuten treffen, die es genauso halten.

Alles klar zum Ausflug

UPPER KEYS

1. Das legendäre Key Largo

Morgens eine Bloody Mary im Caribbean Club, Besichtigung der African Queen, Lunch bei Mrs. Mac's Kitchen ($), Spaziergang am Spätnachmittag durch das Florida Keys Wild Bird Sanctuary.

Die Upper Keys liegen ungefähr anderthalb Autostunden südlich von Miami. Sie sind weit genug von der Zivilisation entfernt, um als Fluchtpunkt von Miami und Fort Lauderdale aus zu fungieren, aber auch nahe genug am Festland, um nicht das richtige Inselgefühl aufkommen zu lassen. Ein Paradies für Leute, denen das Wochenende wichtig ist, eine Gegend, in die auch schon einmal ein Ausflug für einen Tag ein lohnendes Erlebnis sein kann. Kritiker meinen, die Inseln seien nur ein Spielplatz für Miami: ein Spielplatz immerhin von großer Schönheit.

Willkommen auf den Keys!

Südlich von Florida City beginnt der Overseas Highway. Der erste Mile Marker taucht auf: MM 126. Sie sind hier 126 Meilen von Key West entfernt und bewegen sich geradewegs auf **Key Largo** zu. Sie können auch die längere und reizvollere Route über die Card Sound Road wählen, die etwa 20 Kilometer südlich von Florida City verläuft und am MM 109 in North Key Largo wieder auf den Overseas Highway führt. Wenn Sie die Jewfish Creek Bridge im Norden von Key Largo passiert haben, sind Sie auf den Keys angekommen. Jetzt können Sie alle Viere von sich strecken und die Inselmentalität auf sich wirken lassen.

Das „legendäre Key Largo" (Eigenwerbung) hieß ursprünglich Rock Harbor. Die Inselbewohner, die aus dem Augenblick internationalen Ruhms Kapital schlagen wollten, benannten ihre Heimat 1948 nach dem Film *Key Largo,* einem gefeierten Hollywood-Klassiker, in dem Humphrey Bogart und Lauren Bacall während eines Wirbelsturms auf der Insel festgehalten werden. Nur ein winziger Teil des Streifens wurde in einem der damaligen Luxushotels, dem *Caribbean*

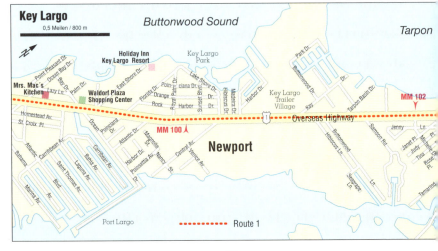

Club, gedreht, der Rest entstand in Hollywood im Studio. Daß Bogart und Bacall bei den Dreharbeiten keinen Fuß auf die Keys setzten, spielt für die Schöpfer des Key Largo-Mythos keine Rolle. Sie profitieren heute noch von der Aura, die „Bogie"/Bacall umgibt. Heute leben etwa 10 000 Menschen in Key Largo, die meisten im Südteil der Insel. North Key Largo ist überwiegend unbebaut, was den Umweltschützern zu verdanken ist, die eine Schädigung des Riffs vor der Küste befürchten.

Der erste Halt des Tages ist der **Caribbean Club** am Overseas Highway (MM 104), eine etwas wilde Bar, die rund um die Uhr geöffnet ist und schamlos den Glanz vergangener Zeiten vermarktet. Auf einem Schild an der Tür heißt es: „Hier wurde der berühmte Film *Key Largo* gedreht." Das Gebäude brannte zweimal ab. Dabei blieb die Romantik auf der Strecke. Beim letzten Wiederaufbau fand nur ein Teil des Originalfundaments noch Verwendung. Die Fassade besteht aus Stein und Muschelschalen, das Dach aus Blech, die Innenwände sind mit Filmplakaten und Film-Stills bedeckt. Es riecht nach Rum und Bourbon; in einer Ecke der obligatorische Billardtisch, darüber ein Ventilator aus Holz. Hinter dem Gebäude stehen einige Tische mit weitem Blick über den Golf. Hier können Sie wie die wettergegerbten Einheimischen zum Wachwerden einen Bloody Mary trinken. Lassen Sie sich von den zahlosen Fischern, die ihre Tage in der Bar verbringen, nicht abschrecken, sie sind harmlos.

Ungefähr einen Kilometer südlich vom Caribbean Club in einem Einkaufszentrum auf der Gulfside des Overseas Highway bekommen Sie im **Florida Keys Visitors Center** (täglich 9.00–18.00 Uhr) kostenloses Informationsmaterial über die Upper Keys und Adressen von Quartieren in der Gegend. Noch weiter südlich, am MM 103,5, kommen Sie zu **Jules' Undersea Lodge.** Obwohl es sich um ein Hotel handelt, ist Jules' Lodge kein ganz alltäglicher Ort, um eine Nacht zu verbringen. Teil des Komplexes ist der **Key Largo Undersea Park** (täglich 9.00–15.00 Uhr, Tel.: 451 23 53), eine Betonkonstruktion zehn Meter unter der Wasseroberfläche, die etwa fünfzehn Meter lang und zehn Meter breit ist und früher zur Erforschung des Meeres diente. Das Hotel besteht aus Häuschen mit jeweils zwei Schlafzimmern mit Telefon und Fernseher; in einem Gemeinschaftsbereich werden Gourmet-Menüs serviert.

Die African Queen

Auch wer nicht Gast des Hotels ist, kann in dem phantastischen Unterwasserpark mit Unterwassermusik, archäologischen Exponaten, Wracks, dem Lebensraum von Hummern und Skulpturen, tauchen. Taucher- und Schnorchelausrüstung wird verliehen. Die Lagune wird als eine der letzten Grenzbereiche unseres Planeten angepriesen. Man hat versucht, die natürliche Bodenbeschaffenheit des Ozeans nachzuahmen und das Ganze für Taucher und Schnorchler leicht zugänglich zu machen. Hier sollten Sie unbedingt anhalten, falls Sie nicht vorhaben, den John Pennekamp Park zu besuchen *(siehe Route 2).*

Weiter in Richtung Süden den Highway entlang liegt das **Holiday Inn Key Largo Resort** (MM 100). Inmitten prosaischer Wohnbebauung lebt auch hier das Andenken an „Bogie" weiter. In der Hotel-Marina liegt die originale, 30 Fuß lange *African Queen,* Schauplatz eines Films mit Katherine Hepburn und Humphrey Bo-

Lunch bei Mrs. Mac's

gart. Obwohl der Streifen überwiegend in England gedreht wurde, scheint das Schiff gut hierher zu passen. Sie können auf ihm eine halbstündige Rundfahrt einen Kanal entlang machen, die sich jedoch nur für Filmenthusiasten rentiert, für alle anderen gibt es wesentlich spannendere Dinge zu sehen und zu tun.

Einen guten Kilometer südlich vom *Holiday Inn* stoßen Sie am Highway auf das Waldorf Plaza Shopping Center. **Book Nook** (täglich 9.00–20.00 Uhr) ist unbedingt einen Besuch wert: Hier bekommen Sie Bücher über die Florida Keys und deren Meeresfauna; außerdem erhalten Sie die Seekarten, die Sie zum Tauchen oder Bootfahren benötigen. Lunchpause bei **Mrs. Mac's Kitchen** (täglich 7.00–21.00 Uhr, Tel.: 451 37 22, keine Kreditkarten) am MM 99,4. Mittags ist es immer sehr voll, es lohnt sich jedoch zu warten, da es hier mit das beste Chili, die besten Hamburger und die beste

Hausmannskost (täglich wechselnd) auf den Keys gibt. Halten Sie nach einem Hahn Ausschau und einem Schild „Worth Crowing About". Im Lokal selbst hängen Nummernschilder aus aller Welt, die von dem Ruhm von Mrs. Mac's zeugen.

Am späten Nachmittag sollten Sie den nächsten Stopp einlegen. Fahren Sie Richtung Süden weiter auf die Insel **Tavernier** zu. Unweit des MM 93 sehen Sie auf der Gulfside des Overseas Highway ein Schild mit der Aufschrift: **Florida Keys Wild Bird Rehabilitation Center** (täglich 8.00–18.00 Uhr, Tel.: 852 44 86). Wenn Sie die Schotterstraße entlangfahren, stoßen Sie auf einen der fried-

Silberreiherkolonie

lichsten Plätze der Upper Keys. Hier regiert noch nicht der Kommerz. Das Wild Bird Center ist eine Tierschutzorganisation, die mit den örtlichen Tierärzten zusammenarbeitet.

Stege schlängeln sich durch die Mangrovensümpfe, in denen Bäume mit gelben Pflaumen, Feigenkakteen und Ananasbäume wachsen. Schließlich kommen Sie an riesigen Käfigen vorbei, in denen verletzte Vögel sitzen: Habichte, Reiher, Pelikane, Silberreiher, Eulen und Papageien. Die meisten Vögel werden hierher gebracht, einige zieht es aber auch instinktiv hierher. Ob es sich um einen gebrochenen Flügel oder Schnabel oder um eine Magenverletzung durch einen Angelhaken handelt, die Vögel werden in dem kleinen Krankenhaus des Centers behandelt und dann in den Käfigen gehalten, bis sie sich wieder in der freien Wildbahn zurechtfinden. Es wird kein Eintritt erhoben, Spenden sind jedoch willkommen.

Kunst auf Schiffsplanken

Südlich des Wild Bird Center liegt die Stadt **Tavernier.** Die kleine Siedlung, die im 19. Jahrhundert hier lag, hieß Planter. Sie besaß um die Jahrhundertwende das einzige Postamt zwischen Miami und Key West, und zur Blütezeit der Flagler-Eisenbahn war hier der erste Halt auf der Strecke. Planter ist bis auf einen Park am Meer (MM 92,5, Burton Drive) spurlos verschwunden. Es gibt jedoch eine Reihe älterer Gebäude am Overseas Highway zwischen MM 92 und 91, eine Methodistenkirche, ein Postamt und einige Gebäude des Roten Kreuzes, die nach dem Wirbelsturm von 1935 als Notunterkünfte gebaut wurden. Die Bauleute des Roten Kreuzes benutzten Salzwasser zum Mischen des Zements. Deshalb rosten die Stahlarmierungen, und es ist nur noch eine Frage der Zeit, bis die Mauern einstürzen.

Abgesehen von einigen Einkaufszentren und prächtigen Ferienvillen hat Tavernier die Atmosphäre einer Keys Kleinstadt. Während der späten siebziger Jahre geriet der Ort kurz ins Rampenlicht. Man meinte „Big Foot" hier gesichtet zu haben. Obwohl man später seine Fußabdrücke im Schlamm fand, wollten Wissenschaftler seine Existenz nicht bestätigen.

Hier noch der Hinweis auf einen netten Trödler namens **Talk of the Town** (Mo–Fr 10.00–17.00, Sa–So 12.00–17.00) in einem Einkaufszentrum auf der Gulfside am MM 92,5. Neben normalem Trödel führt er Antiquitäten von den Keys, interessante Kleidungsstücke und handgemachte Körbe.

2. John Pennekamp Coral Reef State Park

Einen Tag lang schnorcheln und tauchen am Korallenriff des John Pennekamp State Park. Badesachen, Sonnenschutz und Kleider zum Wechseln nicht vergessen. Essen und Getränke können Sie im Park kaufen, Sie können sich aber auch etwas für ein Picknick mitnehmen. An Feiertagen und in der Hauptsaison im Winter sollten Sie Schnorchel- und Taucherausrüstungen sowie eine Tour im Glasbodenboot reservieren (Tel.: 451 16 21).

Hinter Mangrovenbäumen verborgen liegt am MM 102,5 am Overseas Highway die Hauptattraktion der Upper Keys, der **John Pennekamp Coral Reef State Park** (täglich 8.00 Uhr bis Sonnenuntergang, Tel.: 451 12 02), der erste Unterwasserpark der USA und der beliebteste in Florida. Hier können Sie leicht einen ganzen Tag verbringen und haben dann wahrscheinlich immer noch nicht genug.

Der Eintritt beträgt einige Dollar pro Person (mit Parkgebühr). Sie können Taucher- und Schnorchelausrüstungen sowie Segelboote und Kanus mieten.

Das streng geschützte Gebiet zählt zu den großen Naturwundern auf dem Gebiet der kontinentalen USA und gilt als der Ort, der die meisten Taucher anzieht. Über eine Million Menschen besuchen ihn jedes Jahr. Das Magazin *Skindiver* geht davon aus, daß die Hälfte der Sporttaucher in den USA mindestens einmal im Jahr hierherkommt. Der Park ist 250 qkm groß. Dennoch konzentrieren sich die meisten Touristen auf einige wenige Stellen im Park.

Der Park mit 55 unterschiedlichen Korallen und 650 Fischarten wurde 1960 eingerichtet und nach dem Herausgeber einer Zeitung in Miami, einem Naturschützer, benannt. Im Unterschied zum Great Barrier Reef in Australien besteht dieses Riff nicht aus einem Stück, es handelt sich vielmehr um eine Reihe von Riffen, die eine etwas gezackte Linie den warmen Golfstrom entlang ergeben. Mit dem Park wollte man verhindern, daß Korallen gesprengt wurden. Noch in den vierziger Jahren jagten Taucher Teile des Riffs mit Dynamit in die Luft, um an die Korallen und Muscheln heranzukommen, die an der Straße oder im Souvenirgeschäft verkauft wurden. Das ist heute streng verboten.

Eine vielfarbige Koralle

Eine Fahrt durch den Unterwasserpark ist von atemberaubender Schönheit. Besondere Aufmerksamkeit verdienen die Dornkorallen, die an gewaltige Geweihe erinnern und deren Farbe von Orange über Rot zu Braun variiert, dann die eindrucksvollen limonengrünen Hirn- oder Sternkorallen, die so groß werden wie ein VW-Käfer, oder die zerbrechlich wirkenden Fächerkorallen, die sich in der Strömung bewegen, Schwämme, die wie Vasen, Röhren und dichte Büschel aussehen, sowie die durchsichtigen Seefinger, die Ihnen zuzuwinken scheinen.

Im Pennekamp Park – alles was das Taucherherz begehrt

Nicht nur, daß alle möglichen Pflanzen auf dem Riff gedeihen, hier leben auch Krebse, Hummer, Seesterne, Seegurken, Papageienfische und die zarten Korallenfische. Neonfarbene tropische Fische mit purpurnen Streifen, gelben Punkten und roten Kreisen flitzen vorbei. Ab und zu sieht man einen finster dreinblickenden Barrakuda oder das Totenkopfantlitz eines Hais, aber die sind harmlos, zumindest behaupten das immer die Parkhüter. Wenn Sie sehr geduldig sind, dann frißt Ihnen vielleicht ein menschengroßer Barsch aus der Hand. Leute, die zum ersten Mal kommen, können es häufig gar nicht fassen, daß es solche phantastischen Naturschönheiten in Florida gibt, in einem Land, in dem die meisten Touristenattraktionen nur aus künstlich erzeugten Welten bestehen.

Sie müssen jedoch nicht das Flaschentauchen beherrschen, um die Schönheiten des Riffs genießen zu können. Taucherbrille und Schnorchel genügen vollauf. Und etwas anderes haben auch die meisten anderen Besucher des Parks nicht. Nichtschwimmer können eine Fahrt mit dem Glasbodenboot machen, das über das Riff mit seinem vielfältigen Leben dahingleitet. Es liegt etwa fünf Kilometer vor der Küste. Sie können also nicht einfach ins Wasser waten, um das Schauspiel zu bewundern. Eine ganze Flotte wartet nur darauf, Taucher und Schnorchler zum Riff zu bringen. Tauchen kostet etwa 35 und Schnorcheln 25 Dollar (mit Ausrüstung), Fahrten mit dem Glasbodenboot kosten etwa 15 Dollar; sie erlauben es, die Technicolor-Riff-Show zu bewundern, ohne naß zu werden.

Es gibt neun markierte Tauchareale im Park, jedes für sich einzigartig. Das **French Reef** ist für seine Canyons, Höhlen und riesigen Fische bekannt. Bei **Molasses,** dem größten Riff im Park, halten die meisten Glasbodenboote an. Hier liegen viele Wracks, und

Erkundung des Molasses Reef

die Vielfalt der Meeresfauna und
der Bodenformationen ist atem-
beraubend. Die **White Banks
Dry Rocks** liegen dicht unter
der Wasseroberfläche und sind
mit Dornkorallen bedeckt,
durch die exotische Fische
schwimmen. Sie eignen sich
hervorragend zum Schnor-
cheln. Ideal für Anfänger.
Carysfort Reef mit dem etwa 30 Meter hohen Leucht-
turm am Nordende des Parks

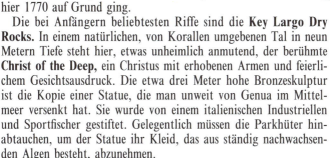

ist nach einem englischen Schiff benannt, das
hier 1770 auf Grund ging.

Die bei Anfängern beliebtesten Riffe sind die **Key Largo Dry
Rocks.** In einem natürlichen, von Korallen umgebenen Tal in neun
Metern Tiefe steht hier, etwas unheimlich anmutend, der berühmte
Christ of the Deep, ein Christus mit erhobenen Armen und feierli-
chem Gesichtsausdruck. Die etwa drei Meter hohe Bronzeskulptur
ist die Kopie einer Statue, die man unweit von Genua im Mittel-
meer versenkt hat. Sie wurde von einem italienischen Industriellen
und Sportfischer gestiftet. Gelegentlich müssen die Parkhüter hin-
abtauchen, um der Statue ihr Kleid, das aus ständig nachwachsen-
den Algen besteht, abzunehmen.

Nicht weit vom Christ of the Deep entfernt kommt man zu den
Grecian Rocks, einem weiteren Riff, das für Anfänger im Schnorcheln sehr geeignet ist: Das Wasser ist seicht und die Strömung
schwach. Am Südende des Parks liegt das **Conch Reef,** an dem drei
spanische Galeonen gesunken sind, die *Capitana,* die *El Infante* und
die *San Jose.*

Welches Riff Sie auch besichtigen, die Parkwächter erinnern die
Taucher unablässig daran, das empfindliche Ökosystem zu respektie-
ren. Obwohl die Riffe für Uneingeweihte phantastisch aussehen, behaupten Naturschützer, ihr Zustand sei überaus beklagenswert.
Wracks, Verschmutzung durch industrielle Abwässer, Bebauung der
Küste, Schiffsschrauben, Überfischung und die Sorglosigkeit der Taucher haben ihnen zugesetzt. Es ist verboten, Korallen zu berühren
oder abzubrechen. Boote dürfen nur in ziemlichem Abstand vor Anker gehen, weil auch die geringste Berührung genügt, diese lebenden
Gewebe zu zerstören. Trotzdem sieht man an Stellen, an denen viel
getaucht wird, Verletzungen und weiße Narben, die von den Händen
der Taucher und von ihren Schwimmflossen herrühren. Der World
Wildlife Fund bezeichnet Pennekamp als den bedrohtesten Unterwasserpark der Welt. Es ergibt sich dasselbe Problem wie an vielen anderen schönen Plätzen dieser Erde: Wie können sie zugänglich gemacht, ohne zerstört zu werden? Die Scharen von Touristen, die jedes
Jahr in den Pennekamp kommen, lieben ihn offenbar zu Tode.

Im Park locken Wanderwege durch Mangrovenwälder, ein Strand zum Schwimmen und ein weiterer, an dem man Kanus ins Wasser lassen kann, eine Snackbar, ein Andenkenladen und ein Campingplatz. Weiterhin findet sich ein klimatisiertes Visitors' Center mit sehr schönen Ausstellungsstücken und Aquarien. Broschüren informieren über das Korallenriff und die Frage, wie es zu bewahren ist. Das Essen in der Snackbar ist mittelmäßig, aber immer noch akzeptabel und so reichlich, daß Sie über den Tag kommen, falls Sie sich nicht ohnehin etwas zu essen mitgebracht haben.

3. Islamorada

Besuch des Theater of the Sea, Lunch im Holiday Isle ($$), nachmittags: Angeln oder Besuch eines der drei State Parks der Upper Keys.

Südlich von Key Largo und Tavernier kommen Sie durch **Plantation** und **Windley Keys.** Die Hotels und Restaurants, die auf diesen beiden Inseln und unweit des geschäftigen Islamorada liegen, haben üblicherweise Islamorada als Adresse. Den Namen „purpurne Insel" erhielt das Eiland von spanischen Seeleuten. Damals hat vielleicht gerade die Bougainvillea geblüht, oder die Männer waren von den lilafarbenen *Janthina*-Seeschnecken, die hier zahlreich vorkommen, beeindruckt.

Am MM 84,5 auf Windley Key kommen Sie zum **Theater of the Sea** (täglich 9.30–17.45, Tel.: 6 64 24 31, Eintritt) in einem Steinbruch aus der

Im Theater of the Sea

Zeit des Eisenbahnbaus 1907. Es handelt sich – 1946 gegründet – um die zweitälteste Einrichtung dieser Art, die darüber hinaus zur zweiten Heimat für etwa zwei Dutzend Katzen wurde, die den dazugehörigen Souvenirshop bevölkern. Reiner Kommerz, aber erstklassige Shows, die auch bei Kindern sehr beliebt sind.

Ein Rundgang dauert zwei bis drei Stunden, länger, wenn Sie Kinder dabei haben. Im Preis eingeschlossen sind die Delphin- und die Seelöwenshow. In einem Bassin können Sie sogar einen Delphin anfassen, einen Stechrochen füttern und einen Seelöwen küssen. Der aufregende Hautkontakt mit den Delphinen ist jedoch nicht billig und sollte schon einige Wochen im voraus gebucht werden.

Südlich vom Theater of the Sea am MM 82 sehen Sie am Overseas Highway ein Art-deco-Monument. Das **Hurricane Memorial** bezeichnet das Massengrab von 423 Opfern des Wirbelsturms von 1935, der die Upper Keys verwüstete. Viele von ihnen waren Bauarbeiter beim Overseas Highway: Eine Flutwelle riß den Zug ins

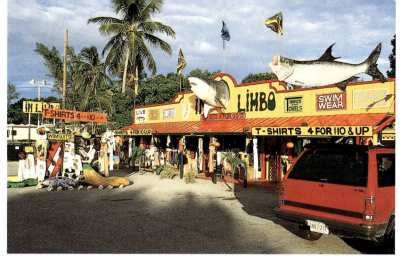

Andenkenläden in Islamorada

Meer, mit dem sie evakuiert werden sollten. Daß die Anlage so ungepflegt ist, hat vielleicht damit zu tun, daß die Anwohner Wirbelstürmen gegenüber relativ gleichgültig sind. Sie rechnen offenbar nicht damit, daß es auch sie treffen könnte. In einem leuchtendroten Güterzug-Bremswagen ist die **Islamorada Chamber of Commerce** untergebracht, bei der Sie alles über Sonderangebote der Motels in der Umgebung erfahren.

Islamorada gibt sich als Welthauptstadt der Sportfischer aus. Hier können Sie einen Nachmittag mit Angeln verbringen. Neben mehreren hervorragenden Restaurants und Hotels liegen hier die meisten Fischerboote auf den Keys vor Anker, daher auch die etwas unbescheiden klingende Selbsteinschätzung. Der ehemalige Präsident der USA, George Bush, erholte sich hier. Er bekam ein paar ganz große Fische an den Haken. Vizepräsident Al Gore kam nach der Wahl von 1992 hierher. Es kommen aber auch viele weniger bekannte Angler nach Islamorada. Sie angeln, nehmen einen Drink, angeln wieder, nehmen den nächsten Drink... Wenn Sie keine Lust zum Angeln und Trinken haben und sich auch nicht die Geschichten über die Fische, die noch einmal davongekommen sind, anhören wollen, sollten Sie einfach durchfahren und einen friedlichen Nachmittag in einem der drei State Parks der Gegend verbringen.

Die Fischgründe vor Islamorada sind außerordentlich ergiebig. Am Overseas Highway liegen Dutzende von Marinas, die Nachmittagstouren aufs Meer anbieten. Wenige Kilometer vom Land entfernt ist die Luft frisch, das Wasser kristallklar, und der Himmel wirkt wie ein riesiges Ölgemälde. Durch seine Nähe zum Golfstrom bietet der Ozean bei Islamorada vielfältige Möglichkeiten zum Fischen. Obwohl die Verschmutzung des Wassers zunimmt, behaupten erfahrene Führer, daß bestimmte Arten –

Bitte lächeln!

Schnappbarsch, Rotbarsch und Hornhecht – heute leichter beißen als jemals zuvor. Die Fischer haben in den letzten Jahren auch mehr auf die Naturschützer gehört: Statt vieler kleinerer Fische fangen sie heute einen oder zwei große. Wenn die Fische wandern, wird das Wasser regelrecht schwarz.

Welche Fische beißen, hängt von der Jahreszeit ab. Im allgemeinen kann man davon ausgehen: Seglerfisch: November bis Mai; Tarpon: März bis Juli und September, Oktober; Meeräsche: Juni bis Dezember; Königsmakrele und Thunfisch: November bis April.

Im Sommer finden Haifischfangwettkämpfe statt. Geangelt wird nicht nur mit Angelruten, sondern auch mit Schrotflinten. Preise werden für den größten und kleinsten Fisch und den Fisch, der am seltsamsten aussieht, verliehen sowie an den, der die meisten gefangen hat. Ob der Erfolg mit Glück oder mit Können zusammenhängt, ist immer eine heiß diskutierte Frage. Einige Führer benutzen elektronische Gerätschaften, um die Fische aufzuspüren, andere orientieren sich an den Fregattvögeln, die angeblich ein Indiz dafür sind, daß die Fische wandern.

Zum Lunch empfiehlt sich das **Holiday Isle Resort** am Overseas Highway (MM 84,5): Hamburger, ausgefallene Vorspeisen mit Fisch sowie großartige Sandwichs, die Sie auch mitnehmen können. Das Hotel ist für ausgelassene Parties berühmt. In den zwölf Bars wird einiges konsumiert: Von dem perfekten Marguerita sind Sie nie weit entfernt. An Wochenenden dröhnt aus der riesigen **Tiki Bar** Reggae und Rockmusik; hier ist besonders die Single-Szene vertreten und Action angesagt.

Angeln bei Sonnenuntergang

Im **Bimini Boardwalk,** einer Ansammlung von Hütten im Stil der Bahamas, haben sich Läden für Kunsthandwerk, kleine Restaurants und Boutiquen eingenistet. Beliebt sind T-Shirts mit der Aufschrift: „I didn't go to work today and I don't think I'll go tomorrow." Überall laufen Katzen herum, die angeblich von den sechszehigen Tieren Ernest Hemingway's abstammen, obwohl die meisten hier fünf Zehen haben. In Holiday Isle kann man auch Wasserscooter mieten, Gleitschirm fliegen, fischen und tauchen.

Das **Fishing Museum** (Mo–Sa 10.00–17.00 Uhr, Eintritt frei) in Bud 'n' Mary's Marina am MM 80 südlich von Holiday Isle zeigt eine Sammlung alter Fischereigerätschaften, Fotos von großen Fängen und Videos über die Naturgeschichte der Keys. Hier kennt man Charterboot-Kapitäne und kundige Führer zu den Fischgründen.

Am Südende von Islamorada liegen drei State Parks. Die **Lignumvitae Key State Botanical Site** (Tel.: 664 48 15) können Sie mit dem Fährschiff vom Overseas Highway (MM 78,5) aus erreichen. Die Fähre verkehrt nachmittags außer Di, Mi, Reservierung ist erforderlich.

Der nach dem Hartholzbaum *lignum vitae,* dem Lebensbaum der Indianer, benannte Park ist einzigartig. Hier wachsen nur Pflanzen, die es immer schon in Florida gab. Auf der 112 Hektar großen Insel, einem fast unberührten Laubwaldgebiet, gedeihen mehr als 130 Baumarten, u.a. der seltene Giftbaum, Pigeonplum, Strangler Fig (Würgefeige) und Gumbo Limbo.

Auf Lignumvitae sind das **Matheson House,** das von der Pionier-Familie Matheson 1919 gebaut wurde, Kanonen von der HMS *Winchester,* die hier 1695 auf Grund lief, und ein Friedhof der Calusa-Indianer zu sehen. Die Mathesons hielten von den Galapagos importierte Schildkröten, Gänse, braune Kaninchen, Angoraziegen und Pfauen. Diese sind leider verschwunden. Das Haus aus Korallenfelsen wurde vom Wirbelsturm von 1935 fortgeblasen, aber Stück für Stück wieder aufgesammelt und rekonstruiert.

Sie können auch eine zweistündige Führung der **Indian Key State Historic Site** machen (Do–Mo). Die Fähre legt ebenfalls am MM 78,5 ab. Die unbewohnte, vier Hektar große Insel hat eine bewegte Geschichte. Im frühen 19. Jahrhundert lag hier ein geschäftiger Handelsort, in dem der verrufene Strandräuber Jacob Housman und – in der Blütezeit – über 400 Menschen lebten. 1838 kaufte der Botaniker Henry Perrine Indian Key und züchtete hier tropische Pflanzen zum Verkauf. 1840, während der Seminolenkriege, fielen Indianer auf der Insel ein und töteten sechs Menschen, unter ihnen auch Dr. Perrine. Im Frühling findet das **Indian Key Festival** statt, das an die Geschichte der Insel erinnert.

Der dritte State Park ist das **Long Key State Recreation Area** am Overseas Highway südlich von Lower Matecumbe Key, MM 67,5 (8.00 Uhr bis Sonnenuntergang, Tel.: 664 48 15), ein schmaler Strand, kaum besucht und ideal zum Schwimmen, Schnorcheln, Fischen und Wandern. Zwei Wege führen auf Stegen durch die Mangroven. Sie können Kanus mieten und einer markierten Route durch die Lagunen folgen. Die Parkhüter bieten Führungen an. Übernachten kann man auf dem Campingplatz.

Holzsteg im Long Key State Park

MIDDLE KEYS

4. Vom Dolphin Research Center nach Bahia Honda

Besuch des Dolphin Research Center, Crane Point Hammock und Museum of the Florida Keys in Marathon, später Lunch im 7-Mile Grill ($) und Spaziergang durch das Bahia Honda State Recreation Area.

Südlich von Long Key beginnen die Middle Keys, die über einige der imposantesten Brücken des Overseas Highway zu erreichen sind. Der Charakter der Gegend verändert sich hier: Abgeschiedenheit und Beschaulichkeit, weniger Protz und Kommerz. Der beeindruckende **Long Key Viaduct** (MM 65,5), parallel zur modernen Long Key Bridge, war das Teilstück der Eisenbahnstrecke, das Henry Flagler am besten gefiel. Die etwa drei Kilometer lange Konstruktion erinnert an die ruhmreiche Vergangenheit und wirkt heute etwas gespenstisch. Deswegen ist sie wohl auch eines der am meisten abgelichteten Bauwerke auf den Keys.

Hummer zum Lunch

Die Brücke endet auf der winzigen **Conch Key,** auf dem Fischer, Hummerfischer und Pensionäre leben. Fahren Sie auf dem

***Mit Delphinen
auf Tuchfühlung***

Highway weiter, sehen Sie die
Hummerfallen wie schwarze
Punkte im blaugrünen Wasser
des Golfs und Ozeans. **Duck
Key** unterhalb von Conch Key
(MM 61) ist eine Insel mit
recht eleganten Wohnhäusern
und dem luxuriösen **Hawk's
Cay Resort.** Die etwa zehn Meter hohe Betonskulptur einer Del-
phinmutter mit ihrem Kalb auf **Grassy Key** (MM 59) macht auf das
renommierte **Dolphin Research Center** (Mi–So 9.00–16.00 Uhr,
Tel.: 289 00 02) aufmerksam, das aus Flipper's Sea School hervor-
gegangen ist und sich als nicht gewinnorientierte Organisation den
intelligentesten Säugetieren der Erde widmet. Hier wurden in den
fünfziger Jahren die Flipper-Filme gedreht. Das Forschungs- und
Unterrichtszentrum gilt als das schönste Delphinarium der Keys.
Gegen ein geringes Eintrittsgeld können Sie die Einrichtung besichtigen und sich über die bedrohten Tiere informieren. Die Delphine machen sich bemerkbar und begrüßen Sie, wenn Sie auf den
Dämmen zwischen den Bassins entlanggehen, da Sie von Natur aus
neugierig und gesellig sind.

Ungefähr ein Dutzend Delphine lebt hier ständig, dazu kommen
oft kranke, alte oder auch nur von den Kunststücken gestreßte Tiere, die in Aquarien in anderen Teilen des Landes ihre Kunststücke
vorführen müssen. Sie leben in einer Lagune, gewohnt, von Menschen angefaßt zu werden. Eine Ausstellung und ein spezielles Pro-
gramm für Kinder mit Lernbehinderungen zeigen das Verhalten, die
Sprache und die Kommunikationsformen der Delphine. Beim „Dolphin Encounter" haben Sie die Möglichkeit, mit den Tieren zu
schwimmen und zu spielen. Auch hier müssen Sie schon Monate im
voraus reservieren. Das Research Center ist nicht nur etwas für Kinder, es hat auch Erwachsenen viel zu bieten.

Wenn der Grauwal ruft

Auf dem Overseas Highway Richtung Süden überquert man die Brücke nach **Vaca Key.** Am MM 53 erreicht man die Ortsgrenze von **Marathon** *(siehe Karte Seite 34)*. *Vaca* ist spanisch für Kuh. Die spanischen Siedler dachten vermutlich nicht an normale Kühe, sondern an Seekühe, Manatees, die hier im seichten Wasser vor der Küste Futter suchten. Im späten 18. Jahrhundert war Vaca Key ein verschlafenes Fischerdorf, 1818 entdeckten Fischer aus Mystic in Connecticut die Insel, siedelten dort und lernten das tropische Leben genießen. Beim Eisenbahnbau um 1900 lebten Tausende von Bahnarbeitern in Holzbarracken auf der Insel. Sie tauften ihre Siedlung Marathon, um ihrem Durchhaltevermögen ein Denkmal zu setzen. Heute hat Marathon 13 000 Einwohner und ein Vielfaches an Winterurlaubern.

Fischerboote in Marathon

Damit ist es, in der Mitte der Keys gelegen, einer der größten Orte der Inselkette mit Krankenhaus, mehreren Einkaufszentren und dem einzigen Verkehrsflugplatz zwischen Key West und Miami. Vaca Key ist sehr dicht bebaut. Die Annehmlichkeiten des modernen Lebens, die Sie hier nicht missen müssen, bieten vom Highway aus meist einen häßlichen Anblick. Nachts wird die Straße wie in Las Vegas von Neonreklame taghell erleuchtet, Energiesparen scheint hier noch ein Fremdwort zu sein. Und obwohl kaum etwas auf den ersten Blick einen einladenden Eindruck macht, kann man in den Seitenstraßen hin und wieder gemütliche Ecken entdecken.

Wie Islamorada ist Marathon ein Paradies für Angler. Wettbewerbe um fast jeden Fisch, der in den Gewässern bei Vaca Key vorkommt, werden ausgetragen. Dutzende von Charterbootkapitänen warten nur darauf, Sie in die Geheimnisse des Angelns einzuweihen. In den Jachthäfen lassen sich braungebrannte Touristen gerne neben riesigen toten Fischen ablichten, die am Dock von einem Haken herabhängen. Neben kleineren Charterbooten verfügt Marathon über eine Flotte von Partyschiffen für bis zu 75 Passagieren. Diese Schiffe verkehren tagsüber und abends von den **Sombrero Docks** aus (unweit vom MM 50). Charterboote liegen in den meisten Hotelmarinas vor Anker, in **Captain Hook's Marina** und in der Marina am **Key Colony Beach,** beide in der Nähe des MM 53. Die Boatels in Marathon sind ganz normale Motels, an deren Rückseite sich an einem Steg Boote festmachen lassen.

Tauchen wird in Marathon großgeschrieben. Man will hier keine Riffe erkunden, es geht vielmehr darum, mit dem Speer zu fischen. Auf den Upper Keys ist das Speerfischen illegal. Nach Ansicht der Naturschützer sind die Fische im John Pennekamp Park so zahm, daß Speerfischen reine Sünde wäre. Auf den Middle Keys ist es aber erlaubt. Diese Inseln sind für die Fische Kriegsgebiet. In den Läden für Taucherbedarf werden sogenannte „Spearguns" vermietet.

Südlich vom **Marathon Airport** auf der Golfseite des Overseas Highway am MM 50 erreichen Sie den **Crane Point Hammock** und das **Museum of the Florida Keys** (Mo–Sa 9.00–16.00, So 12.00–17.00 Uhr, Tel.: 743 91 00). Das 25 Hektar große Naturschutzgebiet liegt inmitten von Marathons geschäftigem Einkaufsviertel und nur einige Meter von den Fast-food-Buden am Highway entfernt. Es ist außerordentlich empfindlich und auch archäologisch von großer Bedeutung. Crane Point umfaßt den letzten unberührten Palmen-Hammock in Nordamerika, auf dem zehn bedrohte Pflanzen- und Tierarten sowie fünfzig Arten exotischer Pflanzen registriert wurden. (Ein Hammock ist eine kleine Insel mit tropischen Bäumen in einem Sumpf: ein idealer Unterschlupf für wilde Tiere.) Auf dem Hammock finden sich Spuren präkolumbianischer und prähistorischer indianischer Besiedelung sowie ein Haus aus dem 19. Jahrhundert, das so gebaut wurde, daß es einem Wirbelsturm und einem Angriff der Indianer standhalten kann. Ein Lehrpfad durch das Hammock führt an einem exotischen Arboretum vorbei, an dem ältesten erhaltenen Beispiel bahamischer Architektur außerhalb von Key West und an einem großen Leguan in einem Käfig, der seine Tage damit zubringt, Zucchini zu kauen und die vorbeigehenden Touristen zu beobachten.

Der Hibiskus ist hier heimisch

Die 7-Mile Bridges

Der Eintritt beträgt einige Dollar inklusive Museum. Das eindrucksvolle Gebäude ist mit Exponaten zur Geschichte, Botanik und Geologie reich ausgestattet, u.a. einem indianischen Einbaum, spanischen Münzen, den Kiefernknochen von Walfischen, ausgestopften Vögeln und Tonwaren. Ein Museum für Kinder ist angeschlossen. Für den Rundgang sollten Sie sich ein bis zwei Stunden Zeit nehmen.

Wieder auf dem Overseas Highway liegen Richtung Süden weitere Einkaufszentren, bis Sie am MM 48,5 zum winzigen **Book Exchange** (Mo–Sa 9.00–17.00 Uhr) kommen, einem freundlichen Laden mit einer großen Auswahl antiquarischer Taschenbücher.

Am Südende von Marathon kommen Sie zur Seven-Mile Bridge. Bevor Sie auf die Brücke fahren, sollten Sie zum Lunch auf der Golfseite des Overseas Highway anhalten. Das **7-Mile Grill** (Fr–Di 11.30–20.30, Tel.: 743 44 81, MM 47) ist ein etwas spezielleres Lokal, typisch für die Keys. Man sitzt hier auf Barhockern mit dem Rücken zum Highway. Hinter dem Tresen präsentiert man ausgestopfte Fische und alte Fotos. Ein Schild trägt die Aufschrift: „Es ist uns egal, wie Sie es im Norden machen." Die Touristen, die hier essen, geraten immer wieder angesichts der Shrimp-Suppe, des Krabbensalats, der Austern, des Chili-Gerichts und der Hamburger in Verzückung, und alles wird hier von den langjährigen Besitzern Pat und Ken Farrell frisch zubereitet. Die Einheimischen halten sich dagegen vornehmlich an den süßen Erdnußbutter-Pie. In riesige Stücken serviert, ist er genau der richtige Abschluß einer herzhaften Lunch-Mahlzeit im 7-Mile Grill.

Hummerfallen

Yoga am Strand

Nur wenige Meter vom Lokal entfernt verläuft die Rampe der **7-Mile Bridge**. Die neue Brücke wurde parallel zur alten gebaut, die einmal als achtes Weltwunder gehandelt und in das National Register of Historic Places aufgenommen wurde. Sie ist die längste Brücke der Welt aus Einzelsegmenten und fast sieben Meilen lang (knapp elf Kilometer). Die 1982 fertiggestellte neue 7-Mile Bridge verläuft in 13 Metern Höhe über dem Wasser. Für Leute mit Angst vor Brücken hat die Überfahrt gewisse Schrecken, für alle anderen ist die Brücke einfach nur ein glattes Betonband, das einen atemberaubenden Blick bietet. Die alte 7-Mile Bridge, ursprünglich für die Eisenbahn gebaut, will das Florida Parks Department verpachten. Seit Jahren wird ein Geldgeber gesucht, der in die Verwandlung des nicht mehr zeitgemäßen Bauwerks in eine umweltverträgliche Touristenattraktion ein Vermögen investiert.

Hinter der Brücke liegen **Little Duck, Missouri** und **Ohio Keys.** Unweit vom MM 36,5 kommen Sie dann zu einem wunderbaren weißen Sandstrand am **Bahia Honda State Recreation Area** (täglich 8.00 Uhr bis Sonnenuntergang, Tel.: 872 23 53). Der 110 Hektar große Park läßt sich auf einem Weg, der sich an einer Lagune entlangschlängelt und durch einen dichten tropischen Wald führt, durchwandern. Obwohl die Strömung heimtückisch sein kann, ist Bahia Honda einer der schönsten Strände auf den Keys. Bahia Honda ist spanisch und bedeutet tiefe Bucht. Im Mai kommt es dort beim letzten Vollmond des Monats zu einer seltsamen Erscheinung: Winzige rote Palolowürmer schlüpfen in den Felsen, und riesige Tarponschwärme fallen ein, um die Würmer von den Felsen zu saugen. Das schlürfende Geräusch mag etwas irritierend sein, die Voraussetzungen zum Fischen sind dann jedoch ideal.

In der klimatisierten Snack-Bar des Parks können Sie Sandwichs, Eis, Getränke, Souvenirs und Badeartikel kaufen, aber auch Liegestühle, Surfbretter, Flöße und Kajaks ausleihen. Auch können Sie von hier einen Ausflug zum **Looe Key National Marine Sanctuary,** einem Korallenriff vor der Küste, unternehmen. Es ist nach einer englischen Fregatte benannt, die hier 1744 sank. Das Naturschutzgebiet umfaßt eine Fläche von etwa 13 Quadratkilometern.

5. National Key Deer Refuge und Sugarloaf Bat Tower

Zum National Key Deer Refuge mit seinen Wanderwegen, zum Lunch auf dem Little Palm Island, ein Abstecher zum Sugarloaf Key Bat Tower.

Die **Lower Keys,** felsig, zerklüftet und unberührt, sind dicht bewaldet und haben sumpfige Ufer, an denen oft uralte, matt gewordene Glasflaschen zum Vorschein kommen. Weniger grün, tropisch und ursprünglich als die anderen Keys wirken sie etwas abweisend, sind aber gerade deswegen von einzigartiger Schönheit. Falken, Adler und Habichte sammeln sich in dieser spartanischen Landschaft, und Fischadler bauen ihre jämmerlich aussehenden Nester auf Telegraphenmasten entlang der Straße.

Die Lower Keys beginnen mit **Big Pine Key,** nach Key Largo die zweitgrößte Insel der Kette. Auf der etwa 15 Kilometer langen und drei Kilometer breiten Insel leben die Key-Rehe und -Hirsche **(Key Deer).** Die nur etwa 70 bis 80 Zentimeter hohen Tiere, die nur hier vorkommen, sind vom Aussterben bedroht. Sie zogen vermutlich vor Tausenden von Jahren vom nordamerikanischen Festland hierher. Nach unkontrollierter Jagd und Zerstörung ihres Lebensraumes zählte man 1950 noch etwa 50 Tiere. Das **National Key Deer Refuge** auf Big Pine Key wurde Ende der fünfziger Jahre eingerichtet, die Jagd verboten, der Schutz der Tiere erhielt höchste Priorität. Die Bestände erholten

Key Deer

sich, 1970 zählte man etwa 800 Tiere. Durch die Bebauung der Insel ging diese Zahl wieder zurück. Man schätzt, daß überwiegend auf Big Pine Key, aber auch auf dem nahegelegenen No Name Key etwa 300 Key Deer leben. Jedes Jahr werden etwa 50 Tiere im Straßenverkehr getötet.

Da man die scheuen Tiere in den frühen Morgenstunden am ehesten sichtet, sollten Sie als erstes an den National Key Deer Refuge Headquarters (Mo–Fr 8.00–17.00 Uhr, Tel.: 872 22 39) am Big

Die Lower Keys aus der Luft

Pine Shopping Plaza auf der Golfseite des Overseas Highway unweit des MM 32 anhalten. Das Naturschutzgebiet mit schönen Wanderwegen, von denen aus Sie die Rehe und Hirsche sehen können, liegt westlich. Die Parkhüter, die Orientierungskarten bereithalten, erklären Ihnen den Weg. Im Frühling können Sie auch schon einmal eine Ricke mit Kitz beobachten. Obwohl die Versuchung groß ist, die zutraulichen Tiere zu füttern, sollten Sie das unterlassen: Es ist verboten.

Südlich vom Key Deer Refuge kommen Sie zum **Pine Woods Nature Trail** (am MM 31 vorbei, rechts auf den Key Deer Boulevard, dort den Schildern folgen). Nach etwa fünf Kilometern erreichen Sie das **Blue Hole,** einen ehemaligen Steinbruch, der heute mit Süßwasser gefüllt ist (gratis Parkmöglichkeit direkt daneben). Hier gibt es Schildkröten. Das knapp vier Meter lange Krokodil Grampa wurde 1993 in einen Safaripark in Nordflorida gebracht, nachdem es jahrzehntelang hier gelebt hatte. Die Bewohner von Big Pine fürchteten sich vor seinem hungrigen Rachen. In der Nähe liegen **Watson's Hammock,** ein kühles und stilles Wäldchen, und der **Jack Watson Nature Trail.** Der ehemalige Jäger und streitbare Naturschützer Jack Watson wurde in den siebziger Jahren bekannt, als er Boote versenkte und Autos zerstörte, die Leuten gehörten, die das Key Deer jagten. Auf dem nach ihm benannten Wanderweg werden auf Schildern Bäume und andere Pflanzen erklärt.

Anschließend fahren Sie auf den Overseas Highway zurück und dort Richtung Süden. Am MM 30,5 erreichen Sie das **Big Pine Village** (unterschiedliche Öffnungszeiten, Tel.: 872 24 68), einen Obst- und Gemüsemarkt unter freiem Himmel mit einem Geschäft für exotische Vögel. Obwohl alles einen etwas heruntergekommenen Eindruck macht, kann man hier gemütlich hervorragende Frucht-Shakes aus frischen Früchten trinken. In der Nähe findet an Samstagen und Sonntagen der **Big Pine Flea Market** statt, den die Einheimischen schon in den frühen Morgenstunden aufsuchen. Sie kaufen hier gebrauchte Angelgeräte, Hausrat und Kunsthandwerk.

Unfreundlicher Bewohner der Keys

Südlich des Big Pine Key liegen die **Torch Keys,** Little, Middle und Big Torch Key, die nach der leicht brennbaren Weihrauchkiefer benannt sind, die hier wächst. Das Holz brennt, auch wenn es noch grün ist. Die ersten Siedler verwendeten es daher für ihre Kochfeuer.

Vor Little Torch Key liegt **Little Palm Island** (Tel.: 872 25 24), eine zwei Hektar große Privatinsel mit Hotel, in dem (außerhalb von Key West) das beste Essen auf den Keys serviert wird. Eine kostenlose Fähre

Big Pine Village

verkehrt stündlich ab Dolphin Marina (MM 28,5). Obwohl die Zimmer unglaublich teuer sind und die Atmosphäre steif ist, sollten Sie sich den luxuriösen Lunch bei den oberen Zehntausend gönnen.

Präsident Harry S. Truman hatte auf der Insel eine Jagdhütte. Hier wohnte er, wenn er zum Angeln auf die Keys kam. Daraus ist heute ein elegantes Feriendomizil für die Reichen aus dem Norden geworden mit 15 strohgedeckten Häusern, einem Pool, der an eine tropische Lagune erinnert, und einem Privatstrand. Neben frischem Fisch, der perfekt zubereitet wird, stehen Lamm, Wachtel, Wild und Ente auf der Speisekarte. Beim Lunch treffen Sie vielleicht Captain Bill Schwicker (Tel.: 872 26 07), der auf der Insel lebt und als Führer zu den Fischgründen arbeitet. Er kennt die Inseln und ihre Geschichte wie seine Westentasche und unternimmt ökologisch abgestimmte Angeltouren zu den unbewohnten Inseln in der Florida Bay.

Unterhalb von Little Palm Island liegen **Ramrod, Summerland** und **Cudjoe Key.** Ramrod und Summerland sind hübsche bewohnte Inseln. Cudjoe ist weniger hübsch, aber interessanter. Wie die Insel zu ihrem Namen kam, ist umstritten. Cudjoe wird entweder von Joewood Tree (Armbandbaum) abgeleitet, von Cousin Joe, einem der ersten Siedler der Insel, oder von einem afrikanischen Vornamen: Cudjoe hießen die Söhne der im 19. Jahrhundert nach Key West verschleppten Sklaven, die am ersten Tag der Woche geboren wurden.

Captain Bill Schwicker

Bei Windstille sehen Sie vielleicht hoch über Cudjoe Key den großen weißen Ballon, der mit Stahlseilen am Boden befestigt ist. Von Behördenseite wird die teure Installation („Fat Albert") als Wetterballon mit Radar ausgegeben. Wahrscheinlich werden von hier aus der Drogenhandel vor der Küste und die Entwicklung auf Kuba beobachtet. Eigentlich handelt es sich

Blick auf die Lower Keys

um Fat Albert junior. Der erste Ballon riß sich vor einigen Jahren los und wurde von der US Coast Guard abgeschossen, als er sich Kuba näherte.

Auf **Sugarloaf Key,** der nächsten Insel, siedelten um die Jahrhundertwende Schwammzüchter. Heute ist die Insel eine Schlafstadt von Key West mit protzigen Villen. Das Sugarloaf Lodge (MM 17) verfügt über eine private Landebahn, Tennisplätze und eine Lagune, in der ein eher gelangweilter Delphin Gästen seine Kunststücke vorführt. Von hier aus können Sie Rundflüge über die Lower Keys machen (Tel.: 745 22 17). Gegenüber liegt der **Sugarloaf Boulevard,** der zu einigen Kanälen führt, die tief genug für Hochseeschiffe sind. Hier versammeln sich die FKK-Freunde und tummeln sich auf Flößen und den Schläuchen von Autoreifen.

Auf Sugarloaf finden Sie eine der seltsamsten Sehenswürdigkeiten der Keys, den verrufenen **Bat Tower.** In den zwanziger Jahren wurde Sugarloaf Key von einer Moskitoplage heimgesucht. Der Makler Richter C. Perky, der die Insel gekauft hatte, glaubte, mit Fledermäusen des Problems Herr zu werden. Mit großem Tamtam weihte er 1929 den braungestrichenen Turm ein und legte in ihm stinkende Köder aus, um eine Armee von Fledermäusen anzulocken. Die Fledermäuse sollten die Moskitos fressen, und Perky wollte die Insel anschließend zu einem luxuriösen Ferienort ausbauen. Der Plan ging nicht auf und Perky bankrott. Der Turm, der nie auch nur eine Fledermaus gesehen hat, steht noch unweit des Overseas Highway (MM 17) am Ende eines mit Schlaglöchern übersäten Weges.

Zurück auf dem Overseas Highway passieren Sie südlich von Sugarloaf **Boca Chica Key** (Little Mouth, MM 10) und hören vermutlich über sich die Jets der US Navy. In den dreißiger Jahren war Boca Chica ein beliebter Strand mit vielen Fischerhütten und eher zweifelhaften Cafés. Während des Zweiten Weltkriegs wurde der Strand enteignet und von der US Navy zu einem Flugplatz zur Ausbildung von Piloten ausgebaut. Das letzte Stück des Overseas Highway ist nicht spektakulär. Jetzt können Sie sich darauf freuen, daß Sie bald Key West erreichen werden.

Key West

Key West liegt am Ende der Florida Keys, eine Insel charmanter Launenhaftigkeit, auf der sich ein großes Freiheitsgefühl einstellt, und ein Ort, in dem alle ungezwungen sind: das Ende der Welt eben. Wer sich weigert, richtig erwachsen zu werden, wird sich hier sofort wie zu Hause fühlen. Key West ist verrückt, gutmütig, hemmungslos und trendy, voller Klatsch wie eine Kleinstadt und großspurig wie eine Großstadt.

Die weltberühmte Architektur der Stadt zeigt Einflüsse Spaniens, der Bahamas, New Englands und der Südstaaten der USA. Selbst in den Seitenstraßen stehen die großen Herrenhäuser der Tropen mit hübschen Geländern. Die Bevölkerung – Conchs, reiche Yuppies, Familien mit mittleren Einkommen, kubanische Einwanderer, Bahamaner, Angehörige der Streitkräfte und Schwule – zählt etwa 25 000, mit den Touristen (jährlich eine Million) wird es dann eng.

Die Zufahrt nach Key West führt über **Stock Island** (MM 5), auf dem früher Vieh zusammengetrieben wurde. Heute locken der Key West Golf Course, das Tennessee Williams Fine Arts Center und der unschöne Mount Trashmore, eine riesige Müllhalde. Die Flotte der Garnelenfangboote gehört einigen eher unsympathischen Gestalten. In der **Oceanside Marina** (Tel.: 294 46 76) an der Maloney Avenue können Sie allerdings erstklassige Boote zum Angeln mieten.

Hinter dem Cow Key Channel am MM 4 kommen Sie zu einer Gabelung, links der South Roosevelt Boulevard (Highway A 1 A), der zum Key West International Airport und zu den Stränden führt, rechts der North Roosevelt Boulevard, die wichtigste Straße ins Zentrum von Key West, in die

Exzentriker am Mallory Pier

Old Town. Wo der North Roosevelt Boulevard in die Truman Avenue mündet, sehen Sie ein großes Schild „Downtown", rechts zweigt die Duval Street ab: Sie sind nun mitten im Mekka der Misfits, der Außenseiter der Vereinigten Staaten, Key West.

6. Old Town

Fahrt mit dem Conch Tour Train durch die Stadt, Rundgang durch die Altstadt, Lunch im Margaritaville Café ($), Drinks im Sloppy Joe's, Sonnenuntergang auf dem Mallory Square.

Um sich mit der Stadt vertraut zu machen, bevor Sie sich auf eigene Faust loswagen, sollten Sie eine Rundfahrt mit dem **Conch Tour Train** unternehmen, der seit 1958 verkehrt (täglich 9.00–16.00 Uhr zahlreiche Abfahrten vom Mallory Square, Tel.: 294 51 61). Die offenen Wagen, von einem Jeep rumpelnd durch die Straßen gezogen, fahren in 90 Minuten an etwa 60 Sehenswürdigkeiten vorbei und legen eine Strecke von 20 Kilometern zurück. Ein munterer Fremdenführer unterhält Sie mit schrägen Insider-Stories und zahllosen Anekdoten über Key West, die alle einen überraschend hohen Wahrheitsgehalt haben. Mit 10 Dollar pro Person ist es noch eines der preiswertesten Vergnügen der Stadt.

Conch Tour Train

Wenn Sie sich einigermaßen zurechtfinden, sollten Sie einen Rundgang durch die **Old Town** machen. Key West ist einer der ganz wenigen Orte in Florida, die sich für lange Stadtspaziergänge eignen. Es gibt eher zu viele T-Shirt-Läden und schäbige Souvenir-Shops, symptomatisch für die USA der neunziger Jahre. Die meisten historischen Sehenswürdigkeiten der Stadt liegen in der Old Town im Nordwesten der Insel zwischen Whitehead und White Street. Informationsmaterial bekommen Sie in der Key West Chamber of Commerce am Mallory Square und in vielen Hotels und Restaurants. Für die beiden wichtigsten Parallelstraßen, Duval und Whitehead Street, und die Hauptsehenswürdigkeiten der Stadt müssen Sie fünf bis sechs Stunden rechnen.

Der Rundgang beginnt in Hafennähe am unteren Ende der Green Street beim **Mel Fisher Heritage Society Museum** (täglich 10.00–17.00 Uhr, Tel.: 294 26 33). Der gesellige Tiefseetaucher Mel Fisher suchte jahrzehntelang vor Key West nach versunkenen Schätzen. Alle hielten ihn für verrückt, bis er Mitte der achtziger Jahre einen Schatz von Gold- und Silberbarren, Münzen, Juwelen, Ketten und Kanonen hob, der mit den spanischen Galeonen *Atocha* und *Santa Margarita* im Jahre 1622 untergegangen war. Fisher und seine Leute hatten gerade Ärger mit der Steuerbehörde, als sie den Schatz im Wert von vier Milliarden Dollar bargen. Viele Funde aus den Wracks, Goldketten, Flaschen und ein eindrucksvoller Smaragd von 77 Karat sowie Dokumente zur Geschichte der „Wrecking"-Branche sind im Fisher Museum ausgestellt . Sie können auch einen *National Geographic* Film über Fishers 17 Jahre während Suche

Haus auf Key West

Die Kluft für Key West – lässig

nach der *Atocha* sehen. Fisher mischt sich häufig unter die Besucher und ist an seinen roten Hosenträgern und einer riesigen goldenen Medaille, die er um den Hals trägt, zu erkennen.

Ebenfalls am Fuß der Green Street, fast an der Kreuzung Whitehead Street, ist im Truman Annex, einem über 40 Hektar großen ehemaligen Kasernengelände, heute einem luxuriösen Wohnkomplex, das **Little White House Museum** untergebracht (täglich 9.00–17.00 Uhr, Tel.: 294 99 11). Das 1890 erbaute Little White House war das Winterdomizil von Präsident Harry S. Truman. Truman schätzte den Ort, um sich zu entspannen, zu schwimmen, Bourbon zu trinken und Poker zu spielen. Das Museum stellt Kunstgegenstände aus der Zeit aus, in der er im Amt war.

Einen Block von der Green Street entfernt am Ende der **Whitehead Street** kommen Sie zum **Key West Aquarium** (täglich 10.00–18.00 Uhr, Tel.: 296 20 51). In den 40 Aquarien können Sie Meerestiere aus dem Atlantik und aus dem Golf von Mexiko bewundern. Sie können auch an einer Führung teilnehmen, Haie streicheln und füttern und in einem Aquarium Seeigel, Seesterne und Krebse anfassen. Preiswerte Souvenirs sind auch zu haben.

Etwa einen Block entfernt, 205 Whitehead Street, erreichen Sie **Audubon House and Garden** (täglich 9.30–17.00 Uhr, Tel.: 294 21 16). Das imposante dreistöckige Gebäude wurde um 1845 für

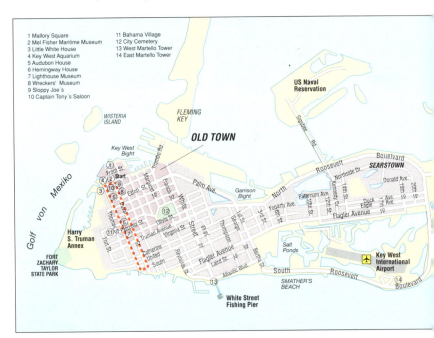

1 Mallory Square
2 Mel Fisher Maritime Museum
3 Little White House
4 Key West Aquarium
5 Audubon House
6 Hemingway House
7 Lighthouse Museum
8 Wreckers' Museum
9 Sloppy Joe's
10 Captain Tony's Saloon
11 Bahama Village
12 City Cemetery
13 West Martello Tower
14 East Martello Tower

Im Hemingway House

den berühmten amerikanischen Ornithologen James John Audubon gebaut. Audubon, der Key West 1832 besuchte, hat das Haus nie betreten. Zeitgenössische Möbel, ein Kinderzimmer und eine große Anzahl seiner Stiche sind hier zu besichtigen. Durch den tropischen Garten führt ein Rundgang.

Etwa sechs Blocks vom Audubon House entfernt die Whitehead Street entlang kommen Sie zu einer der meistbesuchten Sehenswürdigkeiten von Key West, dem **Hemingway House** (täglich 9.00–17.00 Uhr, Tel.: 294 15 75), einem Museum zu Leben und Werk des Nobelpreisträgers. Das zweistöckige Gebäude im spanischen Kolonialstil von 1851 verfügte als erstes in Key West über fließendes Wasser, Keller, Kamin und Swimmingpool. Hier schrieb Hemingway an Tagen, an denen er morgens relativ nüchtern war, *Tod am Nachmittag, Schnee am Kilimandscharo* und *Haben und Nichthaben.* Er wohnte hier mit seiner zweiten Frau Pauline, ihren beiden Söhnen, einem Kindermädchen und einem Koch.

Während Hemingway in Europa weilte und über den spanischen Bürgerkrieg berichtete, ließ Pauline einen Swimmingpool bauen. Die Überraschung gelang: Hemingway kam nach Hause und war begeistert. Als er hörte, daß ihn der Spaß 20 000 Dollar gekostet hatte, warf er Pauline einen Penny an den Kopf, heißt es. Ob sie sich im klaren gewesen sei, daß sie ihn finanziell hätte ruinieren können. Pauline ließ die Münze in den Weg neben dem Pool eingießen, wo sie heute noch zu sehen ist. In der Nähe steht ein Vogelbad aus einer Klosettschüssel, die Hemingway eines Abends, nicht mehr ganz nüchtern, aus seiner Lieblingsbar mitbrachte. Die Führungen dauern eine halbe Stunde. Sie können die ungewöhnliche Antiquitätensammlung des Schriftstellers besichtigen, sein

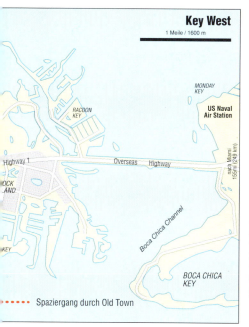

Key West

1 Meile / 1600 m

MONDAY KEY

RACOON KEY

US Naval Air Station

Highway 1

Overseas Highway

OCK AND

nach Miami 155ml (249 km)

Boca Chica Channel

KEY

BOCA CHICA KEY

••••• Spaziergang durch Old Town

Hemingways Katzen

Arbeitszimmer, den Lieblings-
stuhl, Jagdtrophäen und in
Vitrinen seine Büchersamm-
lung. Dutzende von Katzen,
die alle von Hemingways
sechszehiger abstammen sol-
len, bevölkern den üppigen Garten. Diese
Katzen sind in Key West ein Statussymbol, und die Wartezeit
für Tiere, die zur Adoption freigegeben werden, beträgt fünf Jahre.

Schräg gegenüber, 938 Whitehead Street, in einem 30 Meter hohen Leuchtturm von 1847: das **Lighthouse Museum** (täglich
9.30–17.00 Uhr, Tel.: 294 00 12). Das Holzhaus des Leuchtturm-
wärters ist von 1887. Mit Uniformen, Photographien, Karten und
Schiffsmodellen wird hier die Geschichte der Schiffahrt und der
Garnison von Key West dokumentiert. Der Gebäudekomplex, aufgeführt im National Register of Historic Places, wurde 1989 total
renoviert. Nach 98 Treppenstufen bietet sich ein traumhafter Blick
auf die Stadt. Sie können auch durch die Fresnel-Linse schauen, die
um 1860 für eine Million Dollar installiert wurde.

Wenn Sie die Whitehead Street etwa sechs Blocks in Richtung
Meer weitergehen, sehen Sie vor sich ein Betonungetüm in Form einer Boje: der ausgenommen Hawaii südlichste Punkt der USA, den
Normalsterbliche betreten dürfen. Nur der benachbarte Flotten-
stützpunkt, durch den Zaun zu sehen, liegt südlicher. Die 1983 auf-
gestellte, mehrere Tonnen schwere Markierung ersetzte das „Southernmost Point"-Schild. Es wurde immer wieder gestohlen. Zur
Einweihung der Boje war Ronald Reagan eingeladen. Man hätte
aus dem Anlaß sogar die South Street in Ronald Reagan Boulevard
umbenannt. Reagan blieb jedoch in Washington und die South
Street bei ihrem Namen.

Einen Block von der Whitehead Street entfernt liegt die knapp
zwei Kilometer lange **Duval Street,** die belebteste Straße von Key
West mit den meisten Geschäften. Hier ist Tag und Nacht etwas los.
1976 wollten die Stadtoberen die Straße in einen Kanal mit vene-
zianischen Gondeln verwandeln. Diese lächerliche Idee wurde glück-

Südlichster Punkt der USA

licherweise niedergestimmt. Die Duval Street führt wieder zum Hafen, dem Ausgangspunkt. Nur einige Blocks vom Southernmost Point entfernt liegt, 1200 Duval Street, der **Valladares Newstand** (täglich 8.00–20.00 Uhr), ein Kiosk und Treffpunkt mit Zeitungen und Zeitschriften aus aller Welt. Auf der anderen Straßenseite liegt die **La-Te-Da,** La Terrazza de Martí, eines der In-Lokale der Stadt und deren schönste Pension. Das Haus, in dem der kubanische Patriot José Martí im Exil lebte, ist mit seinen unübersichtlich gegeneinander angeordneten Stockwerken, einer Veranda in Höhe der Baumkronen und einem von üppigem Grün umgebenen Pool der Inbegriff tropischer Eleganz. Im hinreißenden Restaurant gibt es tropische Nouvelle Cuisine, der Tanztee am Sonntagnachmittag besticht durch seine unbeschreibliche Eleganz. Die Klientel ist überwiegend homosexuell.

Das San Carlos Institute

Die Duval Street entlang kommen Sie an einem Gourmet Coffee Shop, einem französischen Bäcker und am Casablanca Island Inn vorbei. **Copa,** an 623 Duval Street, ist eine wilde Schwulen-Disco, die mit Erotic Art dekoriert ist. Den 500er Block der Duval Street (Hausnummern 500–599) nimmt das Strand Theater ein, ein Kino von 1918, wie eine Geburtstagstorte aus Beton voller Schnörkel, heute das **Ripley's Believe It Or Not Museum** (tägl. 10.00–23.00 Uhr, Tel.: 293 96 94). Wie die übrigen zwanzig Ripley's Museen ist es ein Tempel des Bizarren. Die Betreiber nennen es auch ein „odditorium", eine Sammlung von Seltsamkeiten. Ausgestellt sind Werke primitiver Kunst, ein Hurrikan-Tunnel, der mit einer Windmaschine ausgerüstet ist und in dem sich einem der Magen umdreht, allerlei Schrumpfköpfe sowie eine einzigartige Sammlung alter Taucherausrüstungen. Falls Sie noch nie ein Ripley's Museum gesehen haben, sollten Sie sich dieses nicht entgehen lassen.

Gegenüber liegt das **San Carlos Institute** (täglich 9.00–17.00 Uhr, Tel.: 294 38 87). Das 1871 gegründete kubanische Forschungs- und Kulturzentrum mit Museum beschäftigt sich mit der Geschichte von Key West im 19. Jahrhundert. Es war einmal der Sammelpunkt für die kubanischen Einwanderer. Das ursprüngliche Gebäude wurde beim Stadtbrand von 1886 zerstört und drei Jahre später wieder aufgebaut. Vom Balkon des San Carlos aus hielt José Martí viele seiner berühmten Reden, in denen er die Unabhängigkeit Kubas propagierte. Ausgestellt werden alte Photos, Kunstwerke, Antiquitäten und Gegenstände, die mit der kubanischen Zigar-

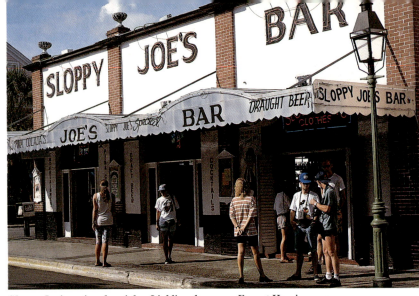

Sloppy Joe's – eine der vielen Lieblingsbars von Ernest Hemingway

renindustrie zu tun haben. Wunderschöne handbemalte kubanische Fliesen schmücken die Wände.

Beim nächsten Haus, dem **Margaritaville Café** (täglich 11.00–4.00 Uhr morgens), haben Sie etwa den halben Weg zurückgelegt: Lunchpause. Das kühle Speiselokal ist für seine eiskalten Margaritas und Cheeseburger-in-Paradise-Specials berühmt. Mit dem Margaritaville Café hat der Folk-Sänger Jimmy Buffet versucht, Kapital aus seinem Ruhm zu schlagen. Neben den vor Fetttriefenden Hamburgern stehen würzige Conch Fritters, gedünstete Garnelen und Sandwichs mit gegrilltem Fisch auf der Speisekarte. Buffet-Memorabilia werden verkauft. Obwohl seine Musik ständig gespielt wird, ist Buffet selten im Lokal zu sehen.

Einen Block weiter ragt die mächtige, etwas deplaziert wirkende St. Paul's Episcopal Church auf, die von drei Wirbelstürmen in Mitleidenschaft gezogen wurde. Die Glocke hat seither einen Sprung und erinnert die Hedonisten von Key West täglich daran, daß es eine höhere Macht gibt. Das **Wreckers Museum** (täglich 10.00–16.00 Uhr, Tel.: 294 95 02), 322 Duval Street, ist im vermutlich ältesten Gebäude von Key West untergebracht, das 1829 für Francis Watlington, einen Kapitän und Strandräuber, gebaut wurde. Die Strandräuberei machte Key West reich. Die Möbel, mit denen das Museum eingerichtet ist, datieren aus dem 18. und 19. Jahrhundert. Ausgestellt werden Kunstwerke, Schiffsmodelle, ein Puppenhaus mit winzigen viktorianischen Möbeln und ein altes Kochhaus, das einzige erhaltene in Key West.

Im 200er Block der Duval Street (Hausnummern 200–299) verkehren die ernsthaften Trinker. Wer laute Musik schätzt,

Captain Tony's Saloon

geht ins **Bull and Whistle** mit einem imposanten ausgestopften Stier, der eine Ziegelwand durchbricht, die anderen treffen sich bei **Sloppy Joe's** (täglich 9.00–4.00 morgens), 201 Duval Street, die sich wie manche anderen als Hemingways Lieblingsbar ausgibt. In dem stets überfüllten, lauten und altmodischen Lokal sollten Sie am Spätnachmittag einen Frozen Daiquiri trinken. Alte Fallschirme hängen von der Decke und Hemingway-Andenken an den Wänden; der Fußboden ist mit Erdnußschalen bedeckt. Das Lokal ist nach seinem Gründer Captain Joe Russell benannt und wurde Ende der dreißiger Jahre an dieser Stelle aufgemacht. Das originale Sloppy Joe's lag um die Ecke, 428 Green Street: ein höhlenartiges Lokal, das jetzt **Captain Tony's Saloon** heißt (täglich 10.00–4.00 Uhr).

Captain Tony's und Sloppy Joe's streiten sich um den Titel „Beste Bar in Key West". Tony's, dunkel und stickig, ist die älteste Bar der Stadt. Das Gebäude von 1852 diente erst als Leichenhalle, später als das erste Telegraphenamt der Stadt. Von 1933 bis 1937 nutzte Sloppy Joe's die Räume, in denen Hemingway sich hin und wieder betrunken haben soll. Mehrere Jahrzehnte gehörte die Bar Tony Tarracino, einem Alkohol- und Waffenschmuggler, Söldner und Spieler. 1988 verkaufte Tarracino die Bar und wurde ein Jahr später zum Bürgermeister von Key West gewählt. Obwohl seine ungehobelten Barkeeper-Manieren oft amüsant wirkten, eckte er bei den Konservativen damit an. 1993 ließ er sich erneut aufstellen, unterlag aber sang- und klanglos. In Captain Tony's Saloon wird live Country- und Blues-Musik gegeben, zu der die Spezialität des Hauses namens Pirate's

Dominique und seine dressierten Katzen

Punch gut harmoniert. Nach einem Stopp bei Captain Tony's ist es Zeit, zum Ausgangspunkt zurückzukehren.

Keine Wallfahrt nach Key West wäre ohne einen Besuch des **Mallory Square** vollständig. Hier am Ende der Duval Street versammeln sich jeden Abend Tausende, Bewohner der Stadt und Touristen, um den Sonnenuntergang zu feiern. An den Platz grenzt das Pier der Kreuzfahrtschiffe und eine öffentliche Parkanlage, ein Treff vieler exzentrischer Leute. Der Star dort ist Dominique LeForte mit seinen drei dressierten Hauskatzen, die durch brennende Reifen springen. Außerdem treten Bauchtänzer, Wahrsager, Schwertschlucker, Jongleure, Pantomimenkünstler, die Cookie-Lady und ein gertenschlanker Entfesselungskünstler auf, der sich aus Schlössern und Ketten befreit. Die Sunset Celebrations wurden in den sechziger Jahren von Key West-Hippies ins Leben gerufen. Sie sind heute eine Mischung aus altmodischem Jahrmarkt und modernem Touristenamüsement. Beim Versinken des grellorangfarbenen Balls im Golf von Mexiko erhebt sich donnernder Applaus. Die gutge-launte Menge begibt sich anschließend in die Bars und Restaurants, eine ausgelassene Nacht kann beginnen.

7. Umgebung von Key West

Rundgang durch Bahama Village, Lunch im Blue Heaven ($) und Besichtigung des Key West City Cemetery.

Ein geruhsamer Ausflug, der auf einen Tag in der etwas hektischen Old Town folgen kann. Der Rundgang wird von einem gemütlichen Lunch unterbrochen. Gehen sie zum Südende der Old Town, etwa bis zur Mitte der Whitehead Street und zum **Bahama Village,** das an die Angela, Petronia und Olivia Street grenzt und in dem heute noch die Nachfahren der ersten Siedler von den Bahamas und der Sklaven von den Westindischen Inseln leben. Während des 18. Jahr-hunderts prägten die Leute von den Bahamas mit ihren Kenntnissen über Architektur in den Tropen und den Anbau von Pflanzen Key West nachhaltig.

Das Viertel wirkt etwas heruntergekommen und vom Wetter mit-genommen, die kleinen Holzhäuser mit Blechdächern erwecken den Anschein, als könnte sie ein etwas stärkerer Wind davonblasen. Die Wände sind jedoch aus dem Holz der Dade County Pine, einer schweren, unverwüstlichen Kiefernart, die in Florida heimisch ist. Manche Häuser sind in rosa, blau und grün, den hellen Farben der Karibik, gestrichen, mit denen die purpurroten Bougainvilleäran-ken kontrastieren. Morgens stellt sich das Gefühl ein, auf einer der Inseln auf der anderen Seite des Golfes zu sein. In kleinen Lebens-

Restaurant in Blue Heaven

Die Besitzer des Blue Heaven

mittelgeschäften werden Bier aus Jamaika, Conch Fritters von den Bahamas und süßer Kokosnußkuchen verkauft. Reggae- und Calypsomusik dringt durch die Fensterläden. Bahama Village ist eines der letzten Viertel in der Old Town, die noch nicht von der Stadtsanierung erfaßt worden sind. Das wird nicht mehr lange auf sich warten lassen: Genießen Sie also die Atmosphäre, solange das noch möglich ist.

Einige auf die Kunst aus Haiti und aus der Karibik spezialisierte Galerien haben sich vor einigen Jahren hier niedergelassen; das **Blue Heaven** (Mi–So 7.30–15.00 und 18.00–22.00 Uhr) ist ebenfalls relativ neu, ein eher schlichtes Restaurant im Stil der Karibik, das Sie zum Lunch aufsuchen sollten. Es liegt an der Ecke Thomas und Petronia Street in einem klassizistisch anmutenden Holzhaus – ein Geheimtip – und war früher einmal Bordell und Arena für Box- und Hahnenkämpfe. Heute können Sie im Garten unter einem riesigen Sapotillbaum tropische und gesundheitsfördernde Gerichte essen: Fischcurry, Fischtortilla, gebratener Tofu und Pies aus frischen Früchten. Mütter kommen mit ihren Kindern hierher, die barfuß herumtollen, und Paare spielen Scrabble, während sie auf ihr Essen warten. Hähne stolzieren im Innenhof herum und kümmern sich nicht um den Friedhof in der Ecke, in dem ihresgleichen beigesetzt ist. Abends gibt es hier Live-Musik. Vielleicht sollten Sie lieber zum Dinner herkommen und sich einfach im Vorbeigehen etwas zu essen kaufen.

Nach dem Lunch gehen Sie auf der Thomas Street einen Block weit Richtung Süden bis zur Olivia Street und dort nach links. Nach etwa acht Blocks kommen Sie zum **Key West City Cemetery** (täglich von Sonnenaufgang bis zur Abenddämmerung), der berühmt ist für lokale Anekdoten, den makabren Witz und Legendenbildung. Einige Bürger Key Wests waren auch im Tode noch für eine exzentrische Einlage gut.

Friedhof von Key West

Dieser 8,4 Hektar große Friedhof in der Old Town besteht aus einem Gewirr von überirdischen Grabgewölben (notwendig aufgrund des hohen Grundwasserspiegels). Auf vielen Gräbern stehen nur Spitznamen: Nur die Insider wissen dann, wer Bunny, Shorty, The Tailor oder Mamie ist; auf einigen Steinen lesen wir nur den Satz: „Ruf mich an wegen des Dinners", „Ich hab' doch gesagt, ich sei krank", „The Buck Stops Here" (etwa: hier hört das Spiel auf), auf einem anderen die sarkastische Anmerkung einer Witwe: „Zumindest weiß ich heute nacht, wo er schläft."

Obwohl der Friedhof erst 1847 eingeweiht wurde, sind einige der Gräber älter. Silberreiher, Habichte und Möwen sitzen auf den Grabsteinen und Engelsfiguren und beglücken die Wolken mit ihrem Geschrei. An einer Stelle sind die Kubaner begraben, die während des Spanisch-Amerikanischen Krieges den Tod fanden. Ein Grabmal mit der Skulptur eines Key Deer erinnert an das Haustier Elfina. Auf einigen Gräbern stehen gerahmte Fotos der Toten, Bänke laden zum Verweilen ein.

Das Grab mit der makabersten Geschichte ist das des wunderschönen kubanischen Mädchens Elena Hoyos Mesa, das 1931 an Tbc

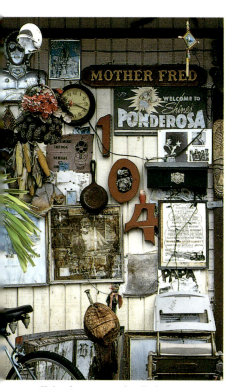

Krimskrams von den Bahamas

starb. Die Geschichte ihres Lebens, genauer, die ihres Todes, wäre selbst in einem Roman wenig wahrscheinlich und ist trotzdem eine der beliebtesten Gespenstergeschichten von Key West. Der verrückte Röntgentechniker Karl von Cosel, ein älterer Mann, war von Elena besessen. Nach ihrem Tod besuchte er ihr Grab täglich. Einige Jahre später grub er ihre Leiche aus, nahm sie mit nach Hause, konservierte sie mit Wachs, setzte ihr Glasaugen ein, kleidete sie in ein Brautkleid und schlief jeden Abend mit ihr.

Die schaurige Affäre hatte im verflixten siebten Jahr ein Ende: Die Leiche wurde entdeckt und von Cosel festgenommen. Die Leiche wurde anschließend in einem anonymen Grab beigesetzt. Der offensichtlich sehr tolerante Richter beschied, das Vergehen des Grabraubs sei verjährt, und von Cosel wurde auf freien Fuß gesetzt. Als er 1952 starb, ließ er eine lebensgroße Nachbildung von Elena neben sich begraben. Führungen durch den Friedhof finden Samstag und Sonntag um 10.00 und 16.00 Uhr statt, sonst nach Voranmeldung (Tel.: 296 39 13).

Haben Sie Interesse am Leben weiterer literarischer Größen, können Sie die Olivia Street bis zu ihrem Ende an der Leon Street weitergehen, dort rechts: Nach fünf Blocks stoßen Sie auf die Duncan Street; die Nummer 1431 ist ein bescheidenes weißes Holzhaus, das **Tennessee Williams House.** Es wird Ihnen vielleicht etwas schwer fallen, es zu finden, da man es nicht in eine Touristenattraktion verwandelt hat. Williams, der mit seinen Stücken *Endstation Sehn-*

East Martello Tower, eine Befestigungsanlage aus dem Bürgerkrieg

sucht, Die Katze auf dem heißen Blechdach und *Die Glasmenagerie* bekannt wurde, lebte hier mit seinen Bulldoggen mit Unterbrechungen 30 Jahre lang. Williams meinte, daß er überall gut schreiben könne, am besten jedoch in Key West.

Das Anwesen umfaßt einen weißen Aussichtsturm, einen Pool und ein Schreibatelier. Williams starb 1983 in New York. In Anbetracht seiner lebenslangen Verbindung mit den Keys ist es traurig, daß sein Wunsch, irgendwo im Meer zwischen Key West und Kuba begraben zu werden, nicht erfüllt wurde. Er ist in St. Louis beigesetzt, einer Stadt, die ihm verhaßt war.

8. Türme und Strände

Besichtigung des East Martello Tower und Museum, Nachmittag am Strand, Besuch des Fort Zachary Taylor State Park. Nehmen Sie sich ein Picknick mit, oder versorgen Sie sich am Strand. Nicht vergessen: Schwimmsachen und Sonnenschutz.

Zwei Türme aus der Mitte des 18. Jahrhunderts, beide auf der Südostseite der Insel am Atlantik, sollten Key West gegen feindliche Angriffe schützen. Der **East Martello Tower** (täglich 9.30–17.00 Uhr, Tel.: 296 39 13) am South Roosevelt Boulevard grenzt an den **Key West International Airport** und erinnert an einen umgedrehten Blumentopf. Der Ziegelbau des Fort aus der Zeit des Bürgerkriegs wurde nie ganz fertiggestellt und diente auch nie zur Verteidigung der Insel. Vorbild waren die alten Wehrtürme der Insel Korsika.

Ein kleiner Teil des Turms wird heute als Museum genutzt: Uniformen und Gegenstände aus dem Schlachtschiff *Maine,* das während des Spanisch-Amerikanischen Krieges 1898 im Hafen von Havanna in die Luft gesprengt wurde, sind zu besichtigen. Eine Wendeltreppe im Hauptturm führt auf eine Zitadelle, von der aus sich ein atemberaubender Rundumblick auf die Insel und auf den Ozean bietet.

Die **East Martello Historical Museum and Art Gallery** sind die Hauptattraktion des Turms. Hier wird die Geschichte der Indianer, der einmal blühenden Zigarrenindustrie, der Schwammtaucher, des

Overseas Highway und Kubas präsentiert. Auf einem Pferdewagen wurden die Toten des Spanisch-Amerikanischen Krieges fortgeschafft. Plakate von Reiseveranstaltern erinnern an eine Zeit, als man von Key West aus noch Ferien in Havanna machen konnte. Erinnert wird außerdem an Filme, die in der Stadt gedreht wurden.

Sie können sich auch die Bücher der vielen berühmten Schriftsteller (u.a. sieben Pulitzer-Preisträger) ansehen, die in Key West gelebt und gearbeitet haben. Ein Bambusfloß mit einem Tabaksack als Segel wurde von kubanischen Flüchtlingen zur Flucht nach Key West benutzt. In den dreizehn gewölbten Räumen, in denen die Geschichte Floridas lebendig wird, ist es immer angenehm kühl.

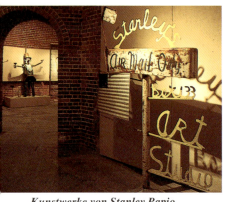
Kunstwerke von Stanley Papio

In der East Martello Art Gallery sind u.a. Beispiele der primitiven Kunst Mario Sanchez' und die bizarre „junk art" Stanley Papios ausgestellt. Papio, von seinen Nachbarn zu Lebzeiten verachtet, war Schrotthändler in Key Largo und unterhielt ein „junkyard museum". Seine charmanten abstrakten Skulpturen aus Autoteilen, Bettfedern, Teilen von Toiletten und Staubsaugern fanden erst nach seinem Tod 1982 als ironische Kritik des modernen Lebens größere Beachtung.

Ungefähr drei Kilometer westlich vom East Martello Tower unweit des White Street Pier steht der **West Martello Tower.** Er ist weniger beeindruckend als der östliche, wurde 1861 errichtet und während des Spanisch-Amerikanischen Krieges als Beobachtungsposten verwendet. Da die Witterung ihm sehr zugesetzt hat, ist er ziemlich verfallen. Jahrzehntelang wurden die wertvollen roten Ziegel gestohlen und Gartenwege und Innenhöfe damit gepflastert. Zeitweilig wurde er auch zum Zielschießen mit Kanonen benutzt. So lassen sich die Einschußlöcher an der Fassade erklären.

Im Turm ist der **Key West Garden Club** (Mi–So 10.00–11.30 und 13.00–15.30 Uhr, Tel.: 294 32 10) untergebracht, der eine Reihe von Orchideenausstellungen veranstaltet und bunte tropische Pflanzen verkauft – ein Muß für alle Gartenfreunde.

Am Nachmittag können Sie zwischen drei Stränden wählen. Leider gehören die von Key West nicht zu den besten der Keys. Sie können hier jedoch gut Leute beobachten und sich von der ausgelassenen Stimmung anstecken lassen. Die meisten Strände sind künstlich, der Sand kommt von den Bahamas oder aus anderen Teilen Floridas. Sie sind mit Seetang und Steinen übersät, was das Badevergnügen etwas trübt. Da das Wasser seicht ist, müssen Sie ziemlich weit hineinwaten, bis Sie wirklich schwimmen können, für Kinder ideal. Einheimische und auch Touristen fühlen sich da wohl.

Möwen am Higgs Beach

Smathers Beach am South Roosevelt Boulevard westlich vom Flughafen ist der längste Strand der Insel. Am Wochenende versammeln sich hier die Schönen der Keys. Männer und Frauen begnügen sich mit wenigen Quadratzentimetern Stoff. Abgesehen davon, daß Sie hier einen Bronzeteint erwerben können, ist der Strand ideal zum Windsurfen und Gleitschirmfliegen. Alles Nötige können Sie mieten. An den Fast-food-Buden bekommt man Tacos, Hamburger und Pizza.

Gegenüber vom Smathers Beach liegt das **Thomas Riggs Wildlife Refuge,** einige kümmerliche Salzwassertümpel. Früher bedeckten sie eine Fläche von 136 Hektar, sind nun aber auf einen Bruchteil ihrer ursprünglichen Größe zusammengeschrumpft. Vor der Entwicklung der Kältetechnik wurde hier das Salz gewonnen, das man auf der Insel zur Konservierung von Lebensmitteln benötigte. Die Appartementhäuser am Strand haben die Teiche ebenfalls zurückgedrängt. Obwohl sie heute von Häusern umgeben sind, ist es immer noch sehr friedlich. Watvögel suchen zwischen dem dichten Gras nach Futter.

Der zweitgrößte Strand in Key West ist **Higgs Beach** unweit des West Martello Tower. Weil es hier einen Spielplatz und Picknicktische gibt, erfreut er sich bei Familien mit kleinen Kindern großer Beliebtheit. Sie stellen ihre Liegestühle unter den Pinien auf und spielen Volleyball. Etwa fünf Häuserblocks entfernt am Ende der Vernon Street hinter Louie's Back Yard Restaurant erstreckt sich ein Strand, an dem die Frauen oben-ohne sind.

Der abgelegenste und landschaftlich schönste Strand in Key West liegt im **Fort Zachary Taylor State Park** (täglich 8.00 bis Sonnenuntergang, Tel.: 292 67 13, geringer Eintritt) im Südwesten der Insel. Das dreieckige Backsteinfort ist nach dem zwölften Präsidenten der Vereinigten Staaten benannt und sollte Key West während des Amerikanischen Bürgerkriegs vor Angriffen schützen. Das Fort, das früher auch „Fort Forgotten" hieß, wurde zwischen 1854 und 1866 oberhalb eines Marinehafens errichtet und gilt heute als eine

der archäologisch interessantesten Sehenswürdigkeiten der Insel. In einem Museum sind Waffen aus dem Bürgerkrieg, u.a. die größte Kanonensammlung des Landes, ausge-

Fort Zachary Taylor

stellt. Es finden Führungen statt. In dem 20 Hektar großen Park stehen Picknicktische und Grills. Der Strand ist ausgezeichnet. Hier ist es immer relativ ruhig, und Sie treffen mehr Einheimische als Touristen. Zum Schnorcheln und Angeln sind die Bedingungen ideal. An der Imbißbude im Park können Sie nur fade Hot Dogs bekommen, Sie sollten sich also mit Proviant eindecken.

9. Ausflug zum Fort Jefferson

Fort Jefferson erreichen Sie mit dem Schiff oder dem Flugzeug. Am schnellsten und bequemsten (30 Minuten) geht es mit den Chalks Airlines (Tel.: 292 36 37) oder dem Key West Seaplane Service (Tel.: 294 69 78). Die Chalks-Tour beginnt um 9.25 Uhr hinter dem Pier House Hotel, 1 Duval Street, die Rückkehr ist um 14.00 Uhr, der Key West Seaplane Service startet um 8.00 und 12.00 Uhr von Stock Island, Rückkehr um 11.45 und 15.45 Uhr. Sie sollten die Zeiten jedoch noch einmal überprüfen. Die Kosten betragen ca. 150 Dollar pro Person. Reservierung nötig! Sie sollten Ihre Badesachen, Sonnenschutz und Proviant mitnehmen, da man bei Fort Jefferson nichts kaufen kann.

Wachsamer Silberreiher

Aus der Perspektive eines niedrig fliegenden Flugzeugs taucht **Fort Jefferson** im **Dry Tortugas National Park** sehr plötzlich auf: Ziegelmauern in einem grünlich schimmernden Meer. Die etwa 100 Kilometer von Key West entfernten Inseln erhielten ihren Namen von Juan Ponce de Léon, da sie ihn an die Panzer von großen Schildkröten *(tortuga)* erinnerten. Vielleicht ist er auch auf die seltene Unechte Karettschildkröte gestoßen, von der hier einige Exemplare überlebt haben. Das Attribut „dry" ist eine spätere Hinzufügung: die Warnung an die Seeleute, daß sie auf den Inseln kein Wasser finden werden.

Die mächtige sechseckige Festung wurde in der Mitte des 19. Jahrhunderts zum Schutz einiger wichtiger Schiffahrtsrouten errichtet. Im Bürgerkrieg war die Anlage ein Beobachtungsposten der Marine. Unionstruppen besetzten sie 1861, um sie nicht in die Hände der Konföderierten fallen zu lassen. Ernsthafte Kampfhandlungen hat das Fort Jefferson jedoch nie erlebt.

Nach dem Bürgerkrieg diente es als Gefängnis, in dem u.a. die vier Männer einsaßen, die man der Verschwörung gegen Präsident Abraham Lincoln verdächtigte. Zeitweilig saßen in den feuchten Kerkern bis zu 800 Häftlinge, die u.a. damit beschäftigt wurden, an der Festung weiterzubauen. Fort Jefferson, eines der verrufensten Gefängnisse des Landes, war für die ungewöhnliche Grausamkeit der Wärter bekannt. Gefangene wurden für geringfügige Vergehen durch Aufhängen an den Daumen bestraft.

Fort Jefferson

Das Fort auf der 6,4 Hektar großen Insel **Garden Key** wurde in den dreißiger Jahren zum Nationalmonument erklärt. Die Dry Tortugas sind seit 1992 Nationalpark. Der Park Service unterhält Toiletten und einen einfachen Campingplatz und verleiht Schnorchelausrüstungen, sorgt sonst jedoch für nichts. Es gibt immer noch kein Trinkwasser und keine Mülleimer: Sie müssen Ihren Müll wieder zurück nach Key West mitnehmen. Jedes Jahr kommen 30 000 Menschen hierher, die die Ruhe und Abgeschiedenheit genießen. Auf viele wirken die 16 Meter hohen und fast drei Meter dicken Mauern des Forts unheimlich.

Die Erkundung der Wälle und Gänge des Forts dauert etwa einen Vormittag. Wie hier muß es auf den Keys einmal ausgesehen haben, bevor sich der Tourismus breitmachte. Nach dem Rundgang können Sie schwimmen oder schnorcheln. Das klare Wasser, das die Inseln umgibt, ist voll von bunten Fischen und seltenen Schildkröten. Nicht weit vom Ufer entfernt liegen die Wracks von Galeonen. Eine Unzahl von Vögeln nisten und brüten auf der Insel: Seeschwalben, Kormorane, Fregattvögel und braune Pelikane. Wenn Sie die Tortugas im April oder Anfang Mai besuchen, werden Sie dort auf Ornithologen stoßen, die Seeschwalben beobachten, die nach Bush Key fliegen, um dort ihre Eier zu legen.

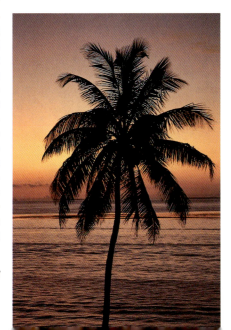

Sonnenuntergang auf der Insel

Einkaufen

Obwohl sie Kunstwerke aus Haiti, Schmuck-
stücke aus Silber und nautische Antiquitäten in einem der vielen
Spezialgeschäfte finden können, suchen die meisten Touristen einfach
nur nach drei bestimmten Artikeln: Muscheln (Conchs), Kosmetika
aus Aloe und farbenfrohen Kleidungsstücken aus Baumwolle.

Die Queen Conch, das offizielle Symbol der Keys, steht mittlerweile unter Naturschutz, und es ist verboten, sie aus dem Wasser zu
entfernen. Biologen schätzen, daß vor etwa 20 Jahren noch über eine Million Conchs auf dem Grund des Ozeans bei den Keys lebte.
Nachdem sie jahrzehntelang wegen ihres Fleisches und ihres Gehäu-
ses gefischt worden waren, nahm ihre Zahl dramatisch ab. Heute
kommen die meisten Conchs, die auf den Keys verkauft werden, aus

Das Souvenir Nummer eins: Conchs

der Karibik, trotzdem sind sie immer
noch das beliebteste Souvenir. Im Ide-
alfall ist das Gehäuse einer Queen
Conch außen cremeweiß und innen
zartrosa. Manche sind auch poliert.
Halten Sie sie mit der Öffnung ans
Ohr, dann können Sie das Meer rau-
schen hören. Der schwache Fischge-
ruch hält sich über Jahre. Eine schöne
Muschel bekommen Sie schon für weniger als zehn Dollar.

Aloepflanzen gedeihen überall auf
den Keys. Ihre Wirkung paßt ideal
zum Klima: Sie mildern Sonnenbrand
und führen der Haut Feuchtigkeit zu.
Einige Firmen stellen Produkte aus
Florida Keys-Aloe her. Sie können die
preiswerten, kaktusähnlichen Pflanzen
auch in einigen Gärtnereien am Overseas Highway kaufen. Bequeme Baumwollkleidung, die die meisten Leute
ständig auf den Keys tragen, können
Sie ebenfalls preiswert erwerben. In
vielen Läden werden handgemachte und -gefärbte Stoffe (tie-dying,
in den Stoff werden Knoten gemacht, bevor er gefärbt wird), geba-
tikte Kleider und leuchtend bunte Hemden mit Blumenmuster im
Hawaii-Stil verkauft.

Im folgenden werden einige Geschäfte vorgestellt, in denen Sie
Conch Shells, Aloe-Produkte, Kleider und anderes erwerben können. Fast alle haben sieben Tage die Woche geöffnet.

Hängematten zum Verkauf

Upper Keys

RAIN BARREL
MM 88,6, Gulfside, Islamorada
Ein Handwerkerdorf in einem tropischen Garten mit schattenspendenden alten Mahagonibäumen. Hier können Sie Kunsthandwerkern und Künstlern in ihren Werkstätten und Ateliers zuschauen und hochwertige Keramik sowie Gemälde, Silberwaren und anderes erwerben.

THE SHELL MAN
MM 106, Gulfside, Key Largo
Kette mit weiteren Geschäften in Tavernier, Marathon und Key West. Etwas zu grell, um noch einladend zu wirken, aber trotzdem einen Besuch wert. Hier finden Sie die größte Auswahl an Muscheln und Muschelartikeln. Neben Überflüssigem wie muschelbesetzten Klosettdeckeln führt man Muscheln aus aller Welt, Korallenschmuck, riesige Schildkrötenpanzer, Köpfe von Krokodilen, Kiefer von Haifischen, Messinglampen und Kunsthandwerk. Das Verhältnis Preis-Leistung stimmt, und hier finden Sie für jeden Geschmack etwas.

TREASURE VILLAGE
MM 86, Oceanside, Islamorada

Einige Läden für Geschenke und Andenken in einem Gebäude, das aus irgendwelchen Gründen mittelalterlich wirken soll. In einigen bekommt man nur Touristen-Ramsch, in den anderen finden Sie mit etwas Geduld Schmuckunikate, geschliffenes Glas, Poster mit Motiven von den Keys und tropische Kleidung.

Lower Keys

BANANA BOAT BOUTIQUE
419 Duval Street, Key West
Neben Möbeln im Inselstil eine riesige Auswahl an Kleidungsstücken aus handbemalten Stoffen.

FAST BUCK FREDDIE'S
500 Duval Street, Key West
Großes Warenhaus mit ungewöhnlichem Flair. Hier findet man manches ausgefallene Stück, witzige Kleidung und Accessoires, Bikinis aus Silberplättchen, fischförmige Schuhe, Gegenstände für einen Haushalt in den Tropen, ungewöhnlichen Schmuck, Krokodile zum Aufziehen, nautischen Schnickschnack, Kostüme und Masken sowie Spielzeug für Kinder und Erwachsene.

GREAT SOUTHERN GALLERY
910 Duval Street, Key West
Echte Aquarelle und Ölgemälde von einigen der besten Künstlern in Key West. Hier bekommen Sie auch Pinsel und Farben zu vernünftigen Preisen, falls Sie selbst ein Seestück oder eine Inselszene malen wollen.

Der Muschelmann

Handgefertigter Schmuck

etwas altersschwachen Laden. Hier werden die Zigarren noch von Hand gerollt. Obwohl die Stoggies (Zigarren) nicht aus Kuba kommen, gelten sie als die besten in Key West. Auch sonst führt man alles, was das Rauchen schöner macht und irgendwie mit dem Rauchen zu tun hat.

GREENPEACE
719 Duval Street, Key West
Einer von drei Greenpeace-Läden in den USA. In diesem politisch korrekten Geschäft können Sie Geschenke mit 'Rettet unseren Planeten'-Image kaufen: Poster, Parfüm, Schreibwaren, Kunsthandwerk, Kleidung und Spielzeug, die alle hergestellt sein sollen, ohne die Umwelt zu belasten. Der Gewinn wird in Greenpeace-Aktionen gesteckt.

HAITIAN ART COMPANY
600 Frances Street, Key West
Mit die beste Auswahl haitischer Kunst in Florida, primitive Gemälde, Eisenskulpturen, Schnitzereien, Voodooartikel, Gegenstände aus Pappmaché, Fahnen zur Geisterbeschwörung und bemalte Kästchen. Hier stellen 200 Künstler aus, bekannte und unbekannte. Preise zwischen 10 und 5000 Dollar.

KEY WEST ALOE
540 Green Street, Key West
Es gibt mehrere Key West Aloe Shops auf den Keys, in der Fabrik in der Green Street ist die Auswahl jedoch am größten. Hier können Sie auch bei der Herstellung von über 300 Aloeprodukten zuschauen, u.a. von Feuchtigkeitscreme, Parfüm, Shampoo, After-Shave und Kosmetik.

KEY WEST CIGAR FACTORY
3 Pirates Alley, Key West
Ein Tabakgeruch, der einem leicht zu Kopf steigt, durchdringt den ganzen

KEY WEST HAND PRINT FABRICS
201 Simonton Street, Key West
In einem Ziegelgebäude von 1878, so etwas wie eine Institution. Hier werden seit über 30 Jahren meterweise dieselben in Pastellfarben bedruckten Stoffe verkauft. Außerdem: Kleider, Hemden, Anzüge und Babykleidung.

KEY WEST KITE SHOP
409 Green Street, Key West

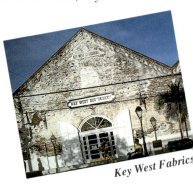

Key West Fabrics

Der Laden in der Old Town, der sich selbst als den ältesten Drachenladen in Florida bezeichnet, führt eine enorme Auswahl an Drachen, Spielzeugartikeln und Geräten, die sich im Wind bewegen, sowie Wind-Glockenspielen.

PERKINS AND SON CHANDLERY
901 Fleming Street, Key West
Ungewöhnlicher Laden für nautische Antiquitäten, seit 1889 in Familienbesitz. Neben alten Schiffsausrüstungsartikeln werden hier u.a. alte Karten, Bücher, Schiffsmodelle und Galeonsfiguren verkauft.

Essen-& Ausgehen

Von herzhaften Stews, von denen früher die hart arbeitenden Fischer satt wurden, bis hin zu den Gerichten der Nouvelle Cuisine, einem Fest fürs Auge, repräsentiert die Küche der Florida Keys die unterschiedlichsten Richtungen. Nur frischeste Zutaten finden Verwendung. Am wichtigsten: frisch gefangener Fisch, Barsch, Goldmakrele, Thunfisch, Hai, Krebs und Garnele. Ob er nun über dem offenen Feuer gegart, gebraten, gegrillt, gedämpft oder sautiert wird, mit Fisch liegen Sie immer richtig. Florida Hummer, kleiner als die Hummer nördlicher Gewässer und ohne Scheren, ist ebenfalls eine gute Wahl, ebenso Dolphin, ein exzellenter stachelflossiger Fisch, der nicht mit den sympathischen Säugetieren verwandt ist. Conch, das Fleisch der großen Seeschnecken, findet sich als Delikatesse auf vielen Speisekarten, die jedoch aufgrund der Überfischung von Floridas Gewässern meist importiert ist.

Avocados, Kokosnüsse, Orangen, Mangos, Bananen und Papayas verleihen den Soßen häufig einen tropischen Geschmack. Palmenherzen, auch als Sumpfkohl (swamp cabbage) bekannt, werden zu einem wohlschmeckenden Salat verarbeitet. Abgesehen von den Fischgerichten stammt die beste Küche von Einwanderern. Kubanischen Schweinebraten mit schwarzen Bohnen und Reis, fritierte Muscheln von den Bahamas (conch fritters), die cremige Fischsuppe (chowder) aus New England und Hush Puppies, ein salzloses Brot aus dem Süden der USA, bekommt man überall. Das beliebteste Dessert ist Key Lime Pie, eine Mischung aus Eiern, Milch und dem Saft der Key Lime unter einer dünnen Kruste. Achtung: Der echte Key Lime Pie ist immer hellgelb, nie quietschgrün.

Der köstliche Key Lime Pie – Zitronenkuchen

Das Meeresfrüchte-Büffet im Restaurant Whale Harbor

Die Preisangaben gelten für ein durchschnittliches Essen ohne Wein: $ = unter 15 $, $$ = 15-25 $, $$$ = über 25 $. Falls die Bedienung nicht im Preis inbegriffen ist, steht das auf der Speisekarte. Die besten amerikanischen Weine kommen aus Kalifornien oder New York State und kosten zwischen 15 und 50 $ die Flasche.

Upper Keys

CARIBBEAN KITCHEN
MM 100,5 Gulfside, Key Largo
Tel.: 451 30 42
Ein komfortables Diner mit 25 Plätzen, in dem Sie rund um die Uhr frühstücken und Spezialitäten aus der Karibik essen können. Würzige kreolische Omeletts, gebratener Fisch und Maisgrütze mit Käse, Frucht-Shakes und kubanischer Kaffee. $

GREEN TURTLE INN
MM 81 Oceanside, Islamorada
Tel.: 664 49 18
Seit 1947 eines der beliebtesten Lokale auf den Keys, delikate Schildkröten-Steaks und Fischsuppen. Das Gesetz verbietet die Jagd von Schildkröten: Das Fleisch kommt von Farmen in Nordflorida. $$

ITALIAN FISHERMAN
MM 104 Gulfside, Key Largo
Tel.: 451 44 71
Ein ausgedehntes Lokal mit Tischen drinnen und draußen, von denen man den Sonnenuntergang beobachten kann. Fischspezialitäten, u.a. Snapper Parmigiana, Shrimp Scampi und Linguine mit Muschelsauce. $

PAPA JOE'S
MM 80 Gulfside, Islamorada
Tel.: 664 81 09
Trotz schäbiger Dekoration ist das Essen gut. Spezialitäten des Hauses sind Kokosnuß-Shrimps und gefüllte Hummerschwänze. Sie können sich aber auch selbstgefangene Fische ausnehmen und zubereiten lassen. $$

SUNDOWNERS
MM 103,9 Gulfside, Key Largo
Tel.: 451 45 02
Eines der besseren Restaurants in Key Largo. Fisch, Steaks und Salate, freitags großes Bratfischbüffet. $$

WHALE HARBOR
MM 83,5 Oceanside, Islamorada
Tel.: 664 45 11
Halten Sie nach einem Leuchtturm Ausschau, dessen Wände mit Muscheln bedeckt sind. Eines der besten

Fischbüffets auf den Keys mit Bergen von Shrimps, Muscheln, Hummern und Krebsen. Reservierung. $$

Middle Keys

CRACKED CONCH
MM 49 Oceanside, Marathon
Tel.: 743 22 23
Weniger förmlich: Conch Burgers, Conch Steak, Conch Parmigiana, Conch Marsala. Zum Frühstück: Conch Benedict. $

HERBIE'S
MM 50 Gulfside, Marathon
Tel.: 743 63 73
Beliebtes und gut eingeführtes Lokal, das in den vierziger Jahren gegründet wurde. Manchmal muß man mittags

Essen mit Aussicht

und abends nach frischgezapftem Bier und frischem Fisch anstehen. $

KELSEY'S
MM 48 Gulfside, Marathon
Tel.: 743 90 18
Eines der besseren Restaurants (Auszeichnungen), Fisch, Prime Rib, frischgebackenes Brot, Key Lime Cheesecake und Macadamia Pie. $$

THE QUAY
MM 54 Gulfside, Marathon
Tel.: 289 18 10
Elegantes Lokal am Wasser. Fisch, kontinentale Gerichte. $$

Die süße Versuchung lauert überall

STUFFED PIG
MM 49 Oceanside, Marathon
Tel.: 743 40 59
Echt amerikanisches Frühstücks- und Lunchlokal an der Straße; gewaltige Portionen der typischen, deftigen amerikanischen Gerichte. Spezialitäten sind u.a. Omelette mit Schweinefleisch, Barbecue Pork, Greasy Burgers und Falscher Hase mit Kartoffelbrei, eine Art Auflauf. $

Lower Keys

BIG PINE COFFEE SHOP
MM 30 Gulfside, Big Pine Key
Tel.: 872 27 90
Hier treffen sich die Fishing Guides, von denen Sie erfahren können, wo die Fische besonders gut beißen, schon frühmorgens. Herzhaftes Frühstück ab 6 Uhr, auch Lunch und Dinner. $

CAFÉ DES ARTISTES
1007 Simonton Street, Key West
Tel.: 294 7100
Elegantes und intimes Lokal mit klassischen französischen und tropischen Spezialitäten wie Barsch in Orangensauce, Shrimps in Mangobutter und Kammuscheln in Grapefruitsauce. Reservierung. $$$

DIM SUM
613 Duval Street, Key West
Tel.: 294 62 39
Asiatische Küche und asiatisches Interieur. Kokosnuß-Shrimps auf malaiische Art, thailändische Nudeln und Sake. Gegart wird im chinesischen Wok. Reservierungen. $$$

Das elegante La-Te-Da

der Karibik wie Barbecued Pork mit Mango Salsa. $$

LA-TE-DA INN
Duval Street, Key West
Tel.: 296 67 06
Tropische Eleganz und Nouvelle Cuisine. Sonntags Tanztee. $$

LOUIE'S BACKYARD
700 Waddell Avenue, Key West
Tel.: 294 10 61
Gute amerikanische und karibische Küche am Meer mit traditioneller Key West-Atmosphäre. Eines der besten Lokale in Florida. $$$

MANGIA MANGIA
900 Southard Street, Key West
Tel.: 294 24 69
Obwohl man hier oft warten muß, lohnt es sich für die hausgemachte Pasta und die hauseigenen Saucen, besonders wenn dann auch noch ein Platz unter dem Gumbo-Lime Tree frei ist, wenn Sie kommen. $$

MANGROVE MAMAS
MM 20 Gulfside, Sugarloaf Key
Tel.: 745 30 30
Lokal in einem bunten alten Schuppen, wie man sie in der Karibik findet. Alles erinnert hier an die sechziger Jahre: Räucherstäbchen, Mobiles, Kellnerinnen im Hippie-Outfit.Die Gerichte mit biologisch angebautem Gemüse schmecken vorzüglich, ebenso die Fischgerichte. $

PEPE'S
806 Caroline Street, Key West
Tel.: 294 71 92
Etwas abseits. Die Dekoration ist funky und das Essen herzhaft, mexikanische Omelettes, Schweinekotelett, Bohnensuppe, gebratene Austern, Eis aus kubanischem Kaffee. Frühstück, Lunch und Dinner. $$

EL CACIQUE
125 Duval Street, Key West
Tel.: 294 40 00
Kleines und gutes kubanisches Lokal, Schweinebraten mit Knoblauch, Reis mit Huhn *(arroz con pollo),* gedünsteter Fisch, Flan, kubanischer Kaffee. Frühstück, Lunch und Dinner. $

HALF SHELL RAW BAR
Land's End Marina, Key West
Tel.: 294 74 96
Ein ehemaliger Fischmarkt, Blick auf eine Flotte von Fischerbooten. Hier sollten Sie einmal Austern und Muscheln bestellen. $

ISLAND REEF
MM 31,2 Gulfside, Big Pine Key
Tel.: 872 21 70
Das Lokal nimmt eines der ältesten Gebäude auf den Keys ein, unaufdringlich mit Holzbänken, eiskaltem Bier und amerikanischem Essen wie bei Muttern. Frühstück, Lunch und Dinner. Dienstag geschlossen. $

KELLY'S CARIBBEAN BAR & GRILL
301 Whitehead Street, Key West
Tel.: 293 84 84
Hier war früher einmal die Verwaltung von *Pan Am.* Jetzt Familienrestaurant mit Spielecke, Luftfahrtmuseum und Galerie. Spezialitäten aus

Nachtleben

Nach einem ruhigen Tag am Strand mit langem Sonnenbad bedeutet Ausgehen in den Florida Keys normalerweise rhythmische Inselmusik, Tequila oder Rum aus kleinen Gläsern und langsames Hinüberdämmern. Der Abend beginnt hier oft mit einem Theater- oder Kinobesuch und wird mit einem Streifzug durch verschiedene Bars fortgesetzt. Wenn man die Zahl der Bars zum Maßstab nimmt, ist der Alkoholkonsum die bei weitem beliebteste Beschäftigung. Einige sind gepflegt und eher ruhig, die Mehrzahl extrem lebhaft und sehr laut; selbst der exzentrische Papa Hemingway hätte sich in diesem Ambiente wohlgefühlt. Die Bar *Sloppy Joe's,* die von sich sagt, sie sei sein Lieblingslokal gewesen, sollte man nicht nur deswegen einmal aufsuchen. Auch ihre Frozen Daiquiris sind einen Besuch wert.

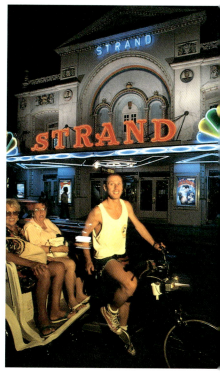

Unterwegs mit der Rikscha

Mehrere Gratispublikationen, die in Hotels, Restaurants und Touristeninformationen ausliegen, informieren darüber, was gerade an Musik, Kino, Theater auf den Keys geboten wird.

Auf den folgenden Seiten sind u.a. die Theater auf den Keys aufgeführt. Das Tennessee Williams Fine Arts Center, das ebenfalls einen Besuch wert ist, bietet erstklassige Theaterstücke und Konzerte (Klassik und Jazz). Weiterhin finden Sie die interessanteren Bars und Nachtclubs, andere, die nicht aufgelistet sind, werden Sie früher oder später selbst entdecken. Alkohol darf laut Gesetz erst ab 21 Jahren öffentlich konsumiert werden. In vielen Bars und Clubs werden deswegen die Ausweise kontrolliert.

Theater

RED BARN THEATRE
319 Duval Street
Key West
Tel.: 296 99 11
Theater mit 90 Plätzen mit professionellen Schauspielern, Klassiker und Komödien, Musicals, auch Stücke von Autoren von den Keys (Dezember bis Juni).

TENNESSEE WILLIAMS
FINE ARTS CENTER
5901 Junior College Road
Stock Island
Tel.: 296 90 81
Das Theater mit 490 Plätzen wurde zu Ehren des großen Dramatikers gebaut und ist das wichtigste Kulturzentrum der Keys. Klassische Musik, Tanz, Theater und Jazzkonzerte das ganze Jahr.

WATERFRONT PLAYHOUSE
Mallory Square
Key West
Tel.: 294 50 15
Das Theater mit 185 Plätzen ist in dem Lagerhaus eines Strandräubers von ca. 1850 untergebracht. Hier werden von November bis Mai überwiegend Komödien gespielt.

Kinos

COBB THEATER
Searstown Shopping Center
Key West
Tel.: 294 00 00

TAVERNIER TOWN TWIN CINEMA
MM 91,5 Tavernier
Tel.: 852 99 10

WEST SIDE CINEMA
MM 51 Marathon
Tel.: 743 02 88

Nachtclubs und Bars

BOGART'S
900 Duval Street, Key West
Tel.: 296 06 37
Lokal mit leicht irischem Einschlag, teilweise unter freiem Himmel, in dem man sich wie in „Casablanca" fühlt. Hier gibt es Importbier vom Faß und eine riesige Auswahl an Spirituosen.

BRASS MONKEY
LIQUOR STORE AND LOUNGE
MM 50 Marathon
Tel.: 743 57 37
Kombination aus Laden und Bar, hier verkehren die Leute aus der Nachbarschaft und besprechen die Ereignisse des Tages.

Willkommen bei Captain Tony's

CAPTAIN TONY'S SALOON
428 Green Street
Key West
Tel.: 294 18 38
Ein höhlenartiges Lokal, die älteste Bar in Key West. Live Country- und Bluesmusik. Spezialität des Hauses ist Pirate's Punch.

THE CHART ROOM
1 Duval Street, Pier House Hotel
Key West
Tel.: 294 94 11
Eine dunkle, elegante Cocktail-Lounge für ein betuchtes Publikum, das spät zu Bett geht. Exotische – und teure – Drinks.

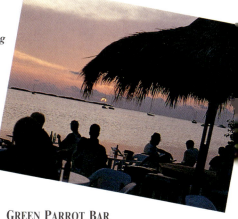

COCONUTS
MM 100 Key Largo
Tel.: 451 41 07
Hier können Sie drinnen und draußen die pulsierende Musik aus der Karibik genießen und tanzen.

THE COPA
623 Duval Street
Key West
Tel.: 296 85 21
Definitiv kein Lokal, in das man die ganze Familie mitnimmt. Das Copa ist eine wilde und verrückte Disko für Homosexuelle, in der Wet Jockey Shorts Contests und Transvestiten-Paraden stattfinden. Die (Live-) Unterhaltung ist hochgradig schräg und faszinierend.

HAVANA DOCKS LOUNGE
1 Duval Street, Key West
Tel.: 296 46 00
Gute Musik unterhält die gutgelaunte Menge, die den Sonnenuntergang bewundert und dann wegen der Power-Disko bleibt. Nette Mischung von Jung und Alt, Leuten aus dem Ort und Touristen.

HOG'S BREATH SALOON
400 Front Street
Key West
Tel.: 296 42 22
Ab der Happy-Hour ist in diesem Open-Air-Lokal unter dem Motto „Hog's Breath is Better Than No Breath" (der Atem eines Schweins ist besser als gar keiner) immer etwas los. Jeden Abend Live-Musik.

GREEN PARROT BAR
601 Whitehead Street
Key West
Tel.: 294 61 33
Hier verkehren mehr Einheimische als Touristen, altmodisch mit Billardtischen und Dart-Boards, 1890 erbaut. Die Live-Musik am Wochenende zieht eine etwas ausgelassene, aber interessante Klientel an.

LORELEI
MM 82 Islamorada
Tel.: 664 46 56
Populärer Treff mit wunderbarer Aussicht über die Bucht und Live-Musik an den Wochenenden, Pop, Country und Reggae. Restaurantküche.

PLANTATION YACHT HARBOR
MM 87 Plantation Key
Tel.: 852 23 81
Sie können zwischen einer Bar unter freiem Himmel und einer innerhalb des Gebäudes auswählen. Pianomusik und Bluesbands von Donnerstag bis Montag.

RUMRUNNERS
218 Duval Street
Key West
Tel.: 294 10 17
Ausgedehnt, hat für alle etwas zu bieten, eine Gartenbar, eine Pianobar, eine Bar auf dem Dach, Reggaemusik live, eine Disko und exotische Tänzer.

Snack im Iguana

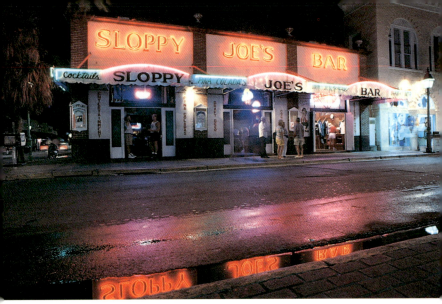
Ein Daiquiri bei Sloppy Joe's

SHIP'S PUB AND GALLEY
MM 61 Marathon
Tel.: 743 70 00
Historische Photos von den Keys verleihen dieser Bar mit Dance-Club Atmosphäre. An den Wochenenden spielt ein DJ Power-Musik.

SLOPPY JOE'S BAR
201 Duval Street
Key West
Tel.: 294 57 17
Gibt vor, Hemingways Lieblingsbar gewesen zu sein. Lautes Lokal voller Hemingway-Memorabilia, das wegen seiner Atmosphäre und seiner wunderbaren Frozen Daiquiris empfehlenswert ist, auch wenn Sie nicht einer von Hemingways vielen Fans sind.

SNAPPER'S WATERFRONT SALOON
MM 94 Key Largo
Tel.: 852 59 56
Die Massen, die an den Wochenenden hierherströmen, um sich an der Pop und Island Music (live) zu erfreuen, verteilen sich auf drei Bars. Die Küche ist bis etwa 23 Uhr geöffnet.

TIKI BAR
MM 84 Holiday Isle Resort
Islamorada, Tel.: 664 23 21
Zwanglose Bar unter freiem Himmel im polynesischen Stil, Live-Musik, spannende Drinks und Partyatmosphäre.

TURTLE KRAALS
2 Lands End Village
Key West
Tel.: 294 26 40
Ungewöhnliche Kombination von Bar, Restaurant und Museum. Gemütlich. Hier gibt es 32 Importbiere, dickflüssige Pina Coladas und einen Kamin, der in einem die Sehnsucht nach einer der äußerst seltenen kalten Nächte in Key West weckt. Museum über die Schildkrötenindustrie vergangener Tage.

WOODY'S
MM 82 Islamorada, Tel.: 664 43 35
Rock and Roll und Southern Blues ist aus dieser bis in die frühen Morgenstunden geöffneten zweistöckigen Bar zu hören, in der 300 Personen Platz haben, so viele drängen sich hier auch oft.

FEIERTAGE & EREIGNISSE

Die Keys kennen Feste, die zu Ehren von Literaten stattfinden, und solche, auf denen die Schwulen sich selbst feiern. Besondere Anlässe werden auf den Keys immer mit besonderem Eifer und ausgelassener Lebensfreude begangen. Einheimische und Touristen versammeln sich, um am Spaß teilzuhaben, und um Spaß dreht sich das ganze Leben auf den Keys. Vorgestellt werden die schönsten Festivitäten und die berühmtesten Angelwettbewerbe.

JANUAR / FEBRUAR

Gleich am Anfang des Jahres, in den ersten Januartagen, findet das **Key West Literary Seminar** (Tel.: 743 43 86) statt, eine Folge literarischer Veranstaltungen in ganz Key West, mit die renommiertesten in den USA. Die Themen wechseln (Roman, Biographie, Krimi, Reisebeschreibung, Lyrik), geboten werden Podiumsdiskussionen, Seminare, Lesungen, Workshops, Signierstunden und Spaziergänge mit literarischen Themen. Autoren mit bekannten Namen, Agenten und Verleger versammeln sich, zu ihnen gesellen sich angehende Schriftsteller, die hier die entscheidenden Kontakte knüpfen wollen.

Mitte Januar ist Marathon Schauplatz der **Florida Keys Renaissance Fair** (Tel.: 734 43 86). Obwohl alles im gleißenden Sonnenlicht etwas unwirklich erscheint, entsteht doch durch Bänkelsänger, Marktstände im Stil des 16. Jahrhunderts, Ritter zu Pferde, Gauklertruppen, Jongleure, Pantomimendarsteller, Clowns und Handwerker eine mittelalterliche Atmosphäre.

Ebenfalls Mitte Januar ist Key Largo dann das Mekka der Eisenbahnenthusiasten: Während der **Railroad Days** (Tel.: 852 16 20) wird die East Coast Railroad gefeiert.

Die **Old Island Days** zur Geschichte und Architektur Key Wests (Tel.: 294 95 01) dauern von Januar bis Mai. Führungen durch Gebäude und Gärten, ein Wettbewerb im Blasen auf Muscheln, Kunst und Kunsthandwerk, ein Golfturnier, ein Filmfestival und Auftritte von Künstlern.

Führung bei den Old Island Days

Blick in die Werkstatt

ger als ein Marathonlauf sind, ist der Lauf ein atemberaubender Ausflug über die Brücke. Etwa 2000 Läufer nehmen alljährlich teil.

Am 21. und 22. April trifft man sich in Islamorada zum **Indian Key Festival** (Tel.: 664 95 04). Ende April, Anfang Mai beginnen die **Conch Republic Celebrations** (Tel.: 294 44 40). Die Leute aus Key West erinnern an die Gründer des Ortes und an die Tatsache, daß sie lieber in einer „Island Nation of Key West" leben würden. Einwöchige Party mit Paraden, Musik, Tanz und einem Bettenrennen die Duval Street entlang.

Mitte Mai findet das immer beliebte **Key West Fishing Tournament** (Tel.: 294 27 80) statt.

JULI / AUGUST

Am 4. Juli feiert Marathon den Unabhängigkeitstag mit einer Party am Meer und einem Feuerwerk, dem **Star-spangled Event** (Tel.: 743 54 17).

Beim einwöchigen **Hemingway Days Festival** (Tel.: 294 44 40) Mitte Juli sieht man Dutzende von Hemingway-Lookalikes auf den Straßen von Key West. Eine Konferenz über

Holiday Isle ist Zentrum des **Islamorada Sailfish Tournament** (Tel.: 624 23 21) Ende Januar und Anfang Februar. Das **Islamorada Sportfishing Festival and Blessing of the Fleet,** mit Wettbewerben und zahlreichen Preisen, Motorbootrennen und Kunst- und Kunsthandwerksausstellungen, findet einige Wochen später statt.

Gegen Ende Februar können Sie die **Civil War Days** (Tel.: 292 67 13) im Fort Zachary Taylor im State Park von Key West erleben, eine Woche mit Vorträgen über den Bürgerkrieg und die nachgestellte Besetzung des Forts durch Truppen der Union.

APRIL / MAI

Anfang April wird in Key West das **Round the Clock Shark Tournament** (Tel.: 292 19 61) abgehalten. Etwas später findet in Marathon der **7-Mile Bridge Run** statt (Tel.: 743 54 17). Obwohl sieben Meilen deutlich weni-

Vorführung beim Fishing Festival

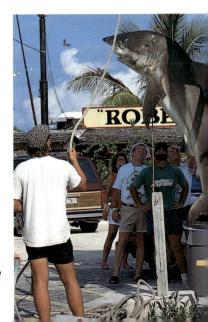

Seglerparade

Literatur und Short-Story-Wettbewerbe gibt es auch. Das **Lower Keys Underwater Music Festival** (Tel.: 872 24 11) findet, ebenfalls Mitte Juli, im Looe Key Marine Sanctuary statt. Von Booten, die mit Unterwasserlautsprechern ausgerüstet sind, wird klassische Musik, Rock- und Country-Musik ins Wasser übertragen. Taucher lieben die Musik, die Fische hassen sie.

SEPTEMBER / OKTOBER

Mitte September ist Key West Schauplatz der **Women in Paradise Celebration** (Tel.: 292 02 16) für Homo- und Heterofrauen: Segeln, Tauchen, Fußballspielen, Tanzen und Seminare. Krasses Gegenteil ist das **Lobster Rodeo** (Tel.: 743 54 22), das Ende September in Marathon stattfindet.

Das **Fantasy Fest** der Homosexuellen (Tel.: 296 18 17) in Key West Ende Oktober ist das grellste Spektakel in Florida. Die hemmungslosen Bacchanalien, dem *Mardi gras* in New Orleans ähnlich, arteten vor einigen Jahren so aus und hatten einen so schlechten Ruf, daß die Anwohner forderten, das Festival zu untersagen. Man riß sich ein wenig am Riemen, und das einwöchige Fest konnte weiter stattfinden. Die Hotels sind zu diesem Ereignis schon Jahre im voraus ausgebucht.

NOVEMBER / DEZEMBER

Anfang November findet vor der Küste von Key West das **Sailfish Tournament** (Tel.: 296 75 86) statt. Das **Island Jubilee** (Tel.: 451 14 14) in Key Largo ist ein Jahrmarkt, der zwei Tage lang dauert, tropisches Essen, Musik, Kunst und Kunsthandwerk. Am 25. November wird auf Big Pine Key die **Lower Keys Art Fair** (Tel.: 872 24 11) abgehalten. Ende Dezember ist es dann Zeit für die **Live Nativity,** die Geburt Jesu in der Old Stone Church.

Wissenswertes

ANREISE

Mit dem Flugzeug

Die meisten Reisenden kommen auf dem Miami International Airport an (Tel.: 876 70 77), wo die Linien- und Charterflüge aus aller Welt landen. Der Check-in für internationale Flüge ist mindestens 90 Minuten vor Abflug, für Inlandsflüge 60 Minuten. Der Fort Lauderdale International Airport (Tel.: 357 61 00) ist mit dem Auto etwa 45 Minuten von Miami entfernt (nördlich).

Die folgenden Fluglinien bieten Flüge zwischen Miami/Fort Lauderdale und Marathon Airport (Tel.: 294 46 41) oder Key West International Airport (Tel.: 296 54 39) an:

Unterwegs zu den Keys

American Eagle	. . . . . 800-433 73 00
Airways International	. . . . 526 20 00
Air Sunshine	. . . . 434 89 00
Chalk's	. . . . 371 86 28
Delta ComAir	. . . . 800-345 98 22

Mit Bahn oder Bus

Mit den Zügen von *Amtrak* kommen Sie nur bis Miami. Das Bahnreisen ist kaum billiger als das Fliegen, die Züge der Amtrak (Tel.: 800-USA-RAIL) sind jedoch komfortabel und verfügen über Schlafkabinen, Speisewagen und stellen eine angenehme Alternative zum Fliegen dar. Die wichtigste Buslinie, die die Keys mit Miami und anderen Städten der USA verbindet, ist *Greyhound* (Tel.: 296 90 72). Zwischen Miami und Key West halten die Busse achtmal.

Ab Miami Airport verkehren ebenfalls regelmäßig Busse und Minibusse. Der Airport Shuttle (Tel.: 247 88 74) verbindet den Flughafen mit den größeren Hotels in Key Largo, und der Island Taxi Service (Tel.: 247 88 74) steuert praktisch jeden Ort auf den Keys an.

Mit dem Auto

Wenn Sie zu den Leuten gehören, die selbst fahren, werden Sie feststellen, daß das staatliche Highway System in Florida sicher, umfassend und in gutem Zustand ist. Tankstellen und Rastplätze sind günstig plaziert, und die Beschilderung ist übersichtlich. Die wichtigsten Nord-Süd-Verbindungen sind die I-75 und die I-95 (I=Interstate) und der mautpflichtige Florida Turnpike. Die I-10 von Westen verbindet die I-75 und die I-95. In Miami haben Sie zwei Möglichkeiten: Sie können den Florida Turnpike nehmen, der in Homestead endet, oder die I-95, die in Miami in die USI übergeht. Beide führen zum Overseas Highway, der einzigen Straße auf die Keys.

Nehmen Sie vom Miami Airport aus die LeJeune Road (SW 42nd Avenue) in südlicher Richtung, biegen Sie nach Westen auf den Dolphin Expressway (Rte 836) ein, der auf den Florida Turnpike führt, dann geht es nach Süden, bis der Turnpike endet und südlich von Florida City in die USI übergeht: Der Overseas Highway beginnt. Von Florida City aus

kommen Sie auch über die Carl Sound Road nach Key Largo, eine mautpflichtige Straße, die Sie über die Carl Sound Bridge erreichen können. Diese Route ist länger und landschaftlich reizvoller. Sie führt in Key Largo, etwa 50 Kilometer von Florida City entfernt, wieder auf den Overseas Highway. Egal welche der beiden Routen Sie wählen, Key Largo ist mit dem Auto etwa anderthalb Stunden von Miami entfernt. Nach Key West sind es etwa drei Stunden. An der Straße stehen kleine grüne Schilder, die Mile Marker (MM), auf denen Sie ablesen können, wie weit Sie gekommen sind, MM 0 ist Key West, die südlichste Insel. Statt Hausnummern benutzen die meisten Geschäfte, Hotels und Restaurants auf den Keys eine MM-Nummer plus „Oceanside" oder „Gulfside" als Adresse.

REISEINFORMATIONEN

Einreise und Zoll

Deutsche, Österreicher und Schweizer benötigen für einen Aufenthalt in den USA von bis zu drei Monaten kein Visum, ein gültiger Reisepaß genügt. Wollen Sie länger bleiben, sollten Sie sich von der Botschaft oder vom Konsulat in Ihrem Heimatland ein Visum ausstellen lassen. Sie können unbegrenzt Bargeld und Reiseschecks ein- und ausführen, Beträge von über 5000 Dollar müssen Sie jedoch beim Zoll deklarieren. Ein Liter Spirituosen und eine Stange Zigaretten dürfen zollfrei eingeführt werden.

Mile Marker (MM)

Beste Reisezeit

Offensichtlich ist der Winter die beste Zeit, um die Keys zu besuchen. Die Temperaturen sind dann ideal, der Himmel ist klar, und es ist eine Menge los. Im Winter herrscht aber auch Hochbetrieb, und die Preise sind am höchsten. Von Dezember bis Februar sollten Sie daher reservieren. Die Sommermonate, obwohl heiß und feucht, erfreuen sich besonders bei Familien aus den Vereinigten Staaten großer Beliebtheit. Frühling und Herbst sind am ruhigsten und billigsten.

Wetter

Die Florida Keys liegen in den Subtropen, und es herrscht das ganze Jahr über warmes Wetter. Es ist meist klar und sonnig, außer in den Sommermonaten, in denen nachmittags häufig Gewitter aufkommen. Wenn Sie einen Blitz sehen, sollten Sie sich unterstellen und, falls Sie im Auto unterwegs sind, den Wagen nicht verlassen. Falls Sie mit dem Boot unterwegs sind, sollten Sie den nächsten Hafen oder Platz zum Festmachen ansteuern und sich in Sicherheit bringen.

Wirbelstürme, daran wurde Miami 1992 erinnert, stellen eine wirkliche Bedrohung dar, besonders auf den Keys. Die Hurrikansaison dauert von Juni bis Oktober. Der National Weather Service verfolgt sorgfältig sämtliche Stürme und warnt die Gemeinden, wenn Gefahr im Verzug ist. Wenn ein Wirbelsturm vorhergesagt wird, kann es sein, daß sogar die Evakuierung der Keys angeordnet wird. Der Fluchtweg den Overseas High-

Sturmwolken

doch immer eine gute Idee, einen Pullover oder ein leichtes Jackett dabei zu haben, da es auch im Sommer in den Restaurants mit Klimaanlage ziemlich kalt sein kann. Ein Regenschirm wird im Sommer hin und wieder benötigt.

way entlang ist gut ausgeschildert. Wenn Sie den aktuellen Wetterbericht hören wollen, müssen Sie den National Weather Service, Tel.: 296 20 11, anrufen.

Elektrizität

Üblich sind 110 Volt, die meisten Hotels haben auch 220 V-Steckdosen für Rasierapparate. Adapter können Sie in vielen Drugstores kaufen oder im Hotel an der Rezeption ausleihen.

Durchschnittstemperaturen

Dezember–Februar	16–24°C
März–Mai	21–29°C
Juni–August	24–34°C
September–November	19–29°C

KLEINE LANDESKUNDE

Im folgenden werden einige der auf den Keys gebräuchlichen Ausdrücke erklärt:

barrier island: lange und schmale Insel, die aus Sand besteht und von Mangroven bewachsen ist und die Küste vor Erosion schützt.

Zeitzonen

Die Keys und der überwiegende Teil von Florida richten sich nach der Eastern Standard Time, die sechs Stunden hinter der Mitteleuropäischen Zeit (MEZ) zurück ist. Vom letzten Sonntag im April bis zum letzten Sonntag im Oktober gilt die Sommerzeit, d.h. daß die Uhren eine Stunde vorgestellt werden.

backcountry: die zahllosen unbewohnten Inseln, die südlich des Everglades National Park in der Florida Bay liegen.

gumbo limbo: ein auf den Keys sehr verbreiteter, schattenspendender Baum mit glatter, rötlicher Rinde, die etwas an sonnenverbrannte Haut erinnert.

hammock: eine Insel mit tropischen Bäumen in einem Sumpf, idealer Unterschlupf für wilde Tiere.

Kleidung

Leger ist noch eine Untertreibung, wenn davon die Rede ist, wie sich die meisten Leute auf den Keys kleiden. Das hat dazu geführt, daß die meisten Restaurants am Eingang das Schild *Shoes Required* (Betreten nur mit Schuhen) angebracht haben. Eine geringe Zahl feinerer Restaurants besteht darauf, daß die Männer während des Dinners ein Sakko tragen, in den meisten können Sie jedoch tragen, was Sie wollen. Shorts, T-Shirts und Turnschuhe sind sowohl für Männer als auch für Frauen akzeptabel. Badekleidung sollten Sie jedoch nur am Strand oder an der Poolbar tragen. Sich fein machen bedeutet für Männer normalerweise: sauberes Hemd, und für Frauen: Baumwollkleid. Zuviel Make-up und zuviel Schmuck wirken unangemessen. Im allgemeinen sind Sie mit leichter Baumwollkleidung am besten beraten. Es ist je-

key: Insel oder Riff, aus Überresten von Korallen bestehend, abgeleitet von „cay", das dieselbe Bedeutung hat.

manchineel: kleiner giftiger Baum, der überall wild auf den Keys wächst. Er hat ovale Blätter, grüne und gelbe Blüten

Der Schick von Key West

und apfelähnliche Früchte. Der Saft und die Blätter können unangenehme Hautreizungen hervorrufen.

no see'ems: winzige Käfer, die etwas mit den Moskitos gemein haben, man sieht sie fast nicht, aber ihr Biß hinterläßt deutliche Spuren.

sugarloaf: Ausdruck von den Bahamas für Ananas. Sugarloaf Key war einmal eine Ananasplantage.

palmetto: entweder eine Art Palme oder Rieseninsekten, die bis zu acht Zentimetern groß werden, jedoch vollkommen harmlos sind. Trotzdem erschrecken sie die Touristen und werden den Einheimischen lästig.

GELDANGELEGENHEITEN

Bargeld/Reiseschecks/Kreditkarten

Auf dem Flughafen von Miami, in allen Banken auf den Keys und in den größeren Hotels können Sie Geld wechseln. Die Banken haben Mo–Fr 9–15 Uhr geöffnet, manche auch am Samstagvormittag. Reiseschecks und Kreditkarten werden fast überall akzeptiert.

Geldautomaten stehen in den Flughäfen, Einkaufszentren und großen Hotels zur Verfügung. Bezahlen kann man meist mit Mastercard, Visa, Carte Blanche, Diners Club und American Express. Eurocheques sind hingegen weitgehend unbekannt. Wenn Sie eine Kreditkarte verloren haben, rufen Sie eine der folgenden Nummern an (gebührenfrei): Visa: 800-336 84 72; Mastercard: 800-999 04 50; American Express: 800-874 04 10. Die Nummern anderer Firmen finden Sie im Telefonbuch.

Steuern

Die Mehrwertsteuer im Monroe County beträgt sieben Prozent, für Hotelzimmer elf Prozent.

Trinkgelder

Bedienung und Trinkgeld sind selten im Rechnungsbetrag enthalten. Sollte das jedoch der Fall sein, wird deutlich darauf hingewiesen. Das Trinkgeld beträgt üblicherweise 15 bis 20 Prozent. Das Trinkgeld für Gepäckträger an Flughäfen und in Hotels beträgt 1 $ pro Gepäckstück.

GESCHÄFTSZEITEN/FEIERTAGE

Geschäftszeiten

Die meisten Büros auf den Florida Keys sind Mo–Fr 9–15 Uhr ohne Mittagspause geöffnet, die meisten Geschäfte Mo–Sa 10–21 und So 10–18 Uhr.

Feiertage

Banken und die meisten Geschäfte sind an folgenden Tagen geschlossen:

Neujahr 1. Januar
Geburtstag von Martin Luther King 15. Januar

Tag der Präsidenten
 3. Montag im Februar
Memorial Day (Gedenktag für die Gefallenen)
 letzter Montag im Mai
Unabhängigkeitstag
 4. Juli
Tag der Arbeit erster Montag im September
Kolumbus-Tag zweiter Montag im Oktober
Veteranen-Tag 11. November
Erntedankfest vierter Donnerstag im November
Weihnachten 25. Dezember

VERKEHRSMITTEL

Auto

Mietwagen gibt es am Flughafen von Miami und an allen anderen größeren Flughäfen in Florida. Die meisten Mietwagenfirmen, die in Miami ihren Sitz haben, verfügen über Filialen in Key West, d.h. daß Sie nach Key West fahren und zurückfliegen können. Das geht jedoch nur in dieser Richtung. Wenn Sie nach Key West fliegen und nach Miami fahren wollen, wird es teuer (drop-off fee).

Die folgenden Mietwagenfirmen haben sich als zuverlässig erwiesen:

Avis 800-331 12 12
Budget 800-525 07 00
Dollar 800-421 68 68
Hertz 800-654 31 31
National 800-328 45 67
Thrifty 800-367 22 77

Verkehrsregeln

Die Höchstgeschwindigkeit auf dem Overseas Highway beträgt 55 Meilen/h (88 km/h), bei Ortsdurchfahrten und je nach Straßenzustand weniger. Die erlaubte Höchstgeschwindigkeit wird auf Schildern angezeigt und von der Highway Police strikt kontrolliert (Radar).

Der Overseas Highway ist fast überall vierspurig, und Überholen ist erlaubt, jedoch nur links und auf speziell markierten Streckenabschnitten. Bei der Fahrt auf dem Overseas Highway ist Vorsicht geboten, die Strecke ist tückisch, besonders nachts oder wenn es regnet. Sollten Sie in nicht ganz nüchternem Zustand am Steuer sitzen und erwischt werden, finden Sie sich schnell in einer Gefängniszelle wieder.

Es ist in Florida erlaubt, bei Rot rechts abzubiegen, wenn man zuvor angehalten hat. Alle Autos müssen, wenn es sich nicht gerade um einen Highway mit einem Mittelstreifen handelt, anhalten, wenn ein Schulbus die Kinder ein- oder aussteigen läßt. Für Motorradfahrer besteht Helmpflicht. Fahrer und Beifahrer eines PKW müssen mit angeschnalltem Sicherheitsgurt fahren.

Öffentl. Verkehrsmittel

Taxis sind überall auf den Keys leicht zu bekommen, Sie können die Fahrzeuge jedoch nicht einfach an einer Straßenecke anhalten oder heranwinken, sondern müssen sie telefonisch anfordern. Der Grundtarif beträgt 1,50 $ pro Meile (1,61 km), unabhängig von der Anzahl der Fahrgäste. Linienbusse verkehren ausschließlich in Key West (Informationen Tel.: 294 37 21).

UNTERKUNFT

Die Möglichkeiten reichen von luxuriösen Hotels, traditionsreichen Gasthöfen, gemütlichen Motels bis hin zu rustikalen Campingplätzen. Eine Warnung vorweg: In einigen der kleinen Motels am Overseas Highway kann es nachts sehr laut werden, wenn die riesigen Sattelschlepper vorbeidonnern.

Informationen erhalten Sie von der Florida Hotel/Motel Association, 200 West College Avenue, Tallahassee, FL 32301; Tel.: 904-224 28 88. Die Symbole in der folgenden Liste zeigen den Preis für das günstigste Doppelzimmer in der Wintersaison. $ = unter 75 $; $$ = 75–150 $; $$$ = 150–225 $; $$$$ = über 225 $. Preiswerter wird es, wenn Sie eine Woche bleiben oder in der Nachsaison Ferien machen.

Upper Keys

CHEECA LODGE
MM 82,5 Islamorada, Tel.: 245 37 55
Ein ehemaliger privater Fischerclub, heute ein elegantes Hotel mit 200 Betten, Golf- und Tennisplätzen, zwei Pools und einigen hübschen Lagunen. $$$

HARBOR LIGHTS RESORT
MM 85 Islamorada, Tel.: 664 36 11
Einfache, aber schöne Räume, einige mit gedeckter Veranda. Pool und Wassersportmöglichkeiten. $$

MARINA DEL MAR RESORT
MM 100 Key Largo, Tel.: 451 41 07
Hotel mit 75 Zimmern und kompletter Marina, Tennisplätzen und Pool. Zimmer wie in den Tropen, die mit Aquarellen von Künstlern aus der Gegend dekoriert sind. Von hier aus können Sie fischen und tauchen gehen. $$$

NEPTUNE'S HIDEAWAY
MM 104,2 Key Largo, Tel.: 451 03 57
Hübsche rosa und weiße Häuschen mit Privatstränden und Schirmen aus Palmwedeln. Paddelboote und Fahrräder. $$

tages mit Whirlpool. Pool und Marina. Hausboote werden vermietet. $$$

GOLDEN GROUPER MOTEL
MM 57,5 Marathon, Tel.: 743 52 85
Ein kleines und angenehmes Hotel direkt am Ozean mit hellen, luftigen Zimmern. $

RAINBOW BEND FISHING RESORT
MM 58 Grassy Key, Tel.: 289 15 05
In den fünfziger Jahren erbautes Hotel mit 23 Zimmern. Hier residierte angeblich einmal der CIA. Sehr gepflegt mit geheiztem Pool, Whirlpool und einem kleinen Angelsteg. $$$

Lower Keys

ARTIST HOUSE
534 Eaton Street Key West
Tel.: 296 39 77
Ein feineres Hotel werden Sie kaum finden. Hier lebte früher der impressionistische Künstler Eugene Otto. Das lavendelfarbene Schmuckstück ist mit Kunstwerken und Antiquitäten bestückt. $$$

CARIBBEAN HOUSE
226 Petronia Street Key West
Tel.: 296 16 00

Curry Mansion

Im Herzen von Bahama Village, ansprechende Pension, in der überwiegend jüngere Europäer absteigen. $

CURRY MANSION
511 Caroline Street Key West
Tel.: 294 53 49
Früher das Haus von Milton Curry, des ersten Millionärs von Key West. Ange-

PLANTATION KEY YACHT HARBOR
MM 87 Islamorada, Tel.: 852 23 81
Ein helles weißes Hotel mit bequemen Zimmern mit Veranden, Tennisplätzen, einem Pool und einem Privatstrand. Gelegenheit zum Wassersport. $$

RAGGED EDGE RESORT
MM 101,5 Key Largo
Tel.: 852 28 78
Am Ozean, weit vom Highway entfernt, bietet das Ragged Edge rustikale, wunderschön eingerichtete Apartments mit vollständig eingerichteten Küchen und Grillmöglichkeit vor der Tür. $$

Middle Keys

THE BUCCANEER
MM 48,5 Marathon, Tel.: 743 90 71
Ältere Blockhütten und moderne Villen mit Privatstrand, Tennis, Pools und Charterbooten. $$

CONCH KEY COTTAGES
MM 62,3 Marathon, Tel.: 289 13 77
Zehn altmodische Cottages mit Küche auf einer kleinen Insel mit vielen Wildblumen und Privatstrand. $$

FARO BLANCO
MM 48 Marathon, Tel.: 743 90 18
Eines der ältesten Urlauberhotels in Marathon, besteht aus Apartments und Cot-

füllt mit Antiquitäten. Garden Pool. Jeden Abend festliche Happy Hour. $$$

ISLAND CITY HOUSE
411 William Street Key West
Tel.: 294 57 02
In den achtziger Jahren des vorigen Jahrhunderts erbautes, perfekt modernisiertes Gästehaus mit tropisch dekorierten Apartments mit einem Schlafzimmer. Garden Pool und Frühstücksbuffet. Der Luxus hat seinen Preis. $$$

LOOE KEY REEF RESORT
MM 27 Ramrod Key, Tel.: 872 22 15
Ein kleines Motel am Kanal, das vor allem die Taucher sehr schätzen. $

OCEAN KEY HOUSE
Zero Duval Street Key West
Tel.: 296 77 01
Ein großes, modernes und erstklassig geführtes Hotel mit sehr komfortablen Apartment-Suiten. Alle Zimmer verfügen über Balkon, eine eigene Küche und Whirlpool. $$$$

SOUTHERNMOST HOTEL
1319 Duval Street Key West
Tel.: 296 65 77

Sonne unter Palmen am Meer

Ein hübsches Motel mit 125 Zimmern. Solarium auf dem Dach, Pool und schöne Zimmer. $$

SUGARLOAF LODGE
MM 17 Sugarloaf Key, Tel.: 745 32 11
Ein friedliches Motel mit 55 hellen Zimmern mit Blick auf von Mangroven bewachsene Inseln. Sugar, ein zahmer Delphin, ist in einer Lagune, die zu dem Motel gehört, zu Hause. $$$

Camping

Der State of Florida unterhält Zeltplätze auch für Wohnwagen und Wohnmobile mit Stromanschlüssen und Waschräumen an folgenden Orten: John Pennekamp Coral Reef State Park, MM 102, Key Largo, Tel.: 451 12 02; Long Key State Recreation Area, MM 67, Long Key, Tel.: 664 48 15; Bahia Honda State Recreation Area, MM 36, Big Pine Key, Tel.: 872 23 53.

Einige der besten privaten Campingplätze auf den Keys sind: Florida Keys RV Resort, MM 106, Key Largo, Tel.: 451 17 13; KOA, MM 70, Long Key, Tel.: 664 48 60; Jolly Roger Travel Park, MM 59, Grassy Key, Tel.: 289 04 04; Knight's Key Park, MM 47, Marathon, Tel.: 743 43 43.

GESUNDHEIT & NOTFÄLLE

Medizinische Versorgung

Folgende Krankenhäuser haben rund um die Uhr eine Notaufnahme eingerichtet: **Mariners Hospital,** MM 88,5, Tavernier, Tel.: 852 92 22; **Fishermen's Hospital,** MM 48,7, Marathon, Tel.: 743 55 33; **Florida Keys Memorial Hospital,** MM 5, Stock Island, Tel.: 294 55 31. Sollte die unverzügliche medizinische Versorgung vonnöten sein, wählen Sie den Notruf (gebührenfrei), der sofort einen Krankenwagen vorbeischickt; in ganz Florida gilt einheitlich: 911.

Die zahnärztliche Behandlung in Notfällen ist auf fast allen Inseln möglich. Wenn Sie wissen wollen, wo die nächstgelegene Praxis ist, rufen Sie bei der East Coast Dental Society an. Tel.: 667 36 47.

Apotheken

Größere Apotheken (pharmacies) haben Key Largo, Islamorada, Tavernier, Marathon und Key West. Die meisten sind von 9.00 bis 21.00 Uhr geöffnet. Es gibt keine Apotheken, die rund um die Uhr geöffnet sind. Sie können sich im Notfall nachts aber an die Apotheken der Krankenhäuser wenden.

Kriminalität

Die Notrufnummer in ganz Florida ist 911. Die Telefonnummern der Polizeidienststellen finden Sie in den örtlichen Telefonbüchern.

Obwohl Sie sich auf den Straßen von Florida relativ sicher bewegen können, ist Vorsicht geboten, wenn Sie auf dem Flughafen von Miami einen Mietwagen entgegennehmen. Etliche Touristen sind auf der Fahrt vom Flughafen schon Opfer von Verbrechen geworden. Sie sollten daher davon absehen, nachts von Miami aus auf die Keys zu fahren. Lassen Sie sich in jedem Fall die Strecke vorher genau erklären, und benutzen Sie den Expressway, der auf die Keys führt. Falls man von hinten auf Ihren Wagen auffährt, steigen Sie nicht aus! Sie sollten auch nicht anhalten, wenn Sie jemand auf einen vermeintlichen Defekt aufmerksam macht. Fahren Sie zur nächsten Tankstelle oder zum nächsten belebteren Parkplatz und begutachten Sie Ihren Wagen dort. Wenn Sie am Ziel sind, sollten Sie den Schmuck und das Bargeld, das Sie nicht benötigen, im Hotelsafe deponieren. Lassen Sie Ihr Gepäck nie unbeaufsichtigt, und achten Sie auf Brief- und Handtaschen. Zur Sicherheit sollten Sie, während Sie fahren oder parken, alle Wertgegenstände im Kofferraum einschließen.

KOMMUNIKATION

Post

Die Öffnungszeiten der Postämter sind unterschiedlich. Die meisten haben jedoch von Montag bis Freitag von 9 bis 17 Uhr geöffnet, Samstag von 9 bis 12 Uhr. Ein Postamt besitzen Key Largo, Islamorada, Marathon, Big Pine, Summerland und Key West. Dorthin können Sie sich Ihre Briefe postlagernd schicken lassen (c/o

General Delivery). Briefmarken können Sie nicht nur auf den Postämtern, sondern auch in den meisten Hotels, in Apotheken und an den Flughäfen kaufen. Zustellung über Nacht. Päckchen und Pakete besorgen neben dem US Post Office auch die privaten Zustelldienste United Parcel Service und Federal Express.

Telefon

Öffentliche Fernsprecher sind in Hotels, an Tankstellen, in Restaurants, Cafés, Einkaufszentren und auf den meisten größeren Plätzen installiert. Die Vorwahl für South Florida einschließlich der Keys ist 305. Wenn Sie von Miami aus auf den Keys anrufen oder von den Lower Keys aus auf die Upper Keys, ist das ein Ferngespräch. In diesem Fall müssen Sie 1-305 und die Nummer des Teilnehmers wählen. Wenn Sie Orte außerhalb des 305-Gebietes anrufen wollen, wählen Sie 1, die entsprechende Ortsvorwahl und die Nummer des Teilnehmers. Wollen Sie mit der Vermittlung sprechen, wählen Sie die 0. Alle Nummern in diesem Buch haben die Vorwahl 305, sofern es sich nicht um Toll-Free-Nummern (gebührenfrei) mit der Vorwahl 800 handelt.

Wenn Sie von den USA aus ins Ausland anrufen wollen, wählen Sie erst 011 und dann die Landesvorwahl: Deutschland (49), Frankreich (33), Großbritannien (44), Italien (39), Österreich (43), Schweden (46), Schweiz (41), Spanien (34). Kanada erreichen Sie, indem Sie einfach die entsprechende Ortsvorwahl wählen. Falls Sie eine US-Telefonkarte benutzen, wählen Sie erst die Nummer der Telefongesellschaft (Sprint: 10333,

Manchmal ist Geduld nötig

AT&T, 10288), dann die Auslandsvorwahl 01 und die Landesvorwahl.

Medien

Auf den Keys existieren mehrere Lokalzeitungen, u.a. die *Key West Citizen,* der *Keynoter, Island Life* und der *Island Navigator.* Vom *Miami Herald* erscheint eine Lokalausgabe für die Keys. Zeitungen aus anderen Bundesstaaten und aus dem Ausland können Sie leicht in Key West bekommen, jedoch kaum auf den anderen Inseln. Die lokalen Fernsehstationen sind mit den großen nationalen Sendern verbunden. In vielen Hotels ist Kabelfernsehen mit einer Vielzahl von Kanälen kostenlos.

SPORT

Angeln

Es gibt Hunderte von Charterbooten mit Kapitänen auf den Keys, es ist also eine gute Idee, sich kundig zu machen und einige Angebote einzuholen. Gezahlt wird entweder pro Stunde oder pro Tag. Angeln ist auch von den meisten Brücken, Piers und Stränden aus erlaubt. Die begehrtesten Fische sind: Seglerfisch, Tarpon, Meeräsche, Königsdorsch, Makrele, Schnappbarsch, Barsch und Thunfisch. Informationen über Wettkämpfe und andere Ereignisse erhalten Sie bei der Florida Keys Fishing Hotline, Tel.: 800-543 47 49. Eine Broschüre, in der auch Angelführer aufgelistet sind, erhalten Sie bei der Florida Keys Fishing Guides Association, PO Box 936, Islamorada, FL 33036.

Im Jachthafen

Tauchen

Eine der größten Touristenattraktionen der Keys ist das einzige lebende Korallenriff der kontinentalen USA. Nicht weit von der Küste findet sich eine bunte Collage aus Korallen, Fächerkorallen und Hunderten von Fischen. Sie können hier Tauchunterricht nehmen und die Ausrüstung mieten. Falls Sie sich mit Sauerstoffflaschen unwohl fühlen: Taucherbrille und Schnorchel sind ausreichend. Die folgenden Unternehmen, alle gelten als solide, organisieren Ausflüge:

Captain's Corner, 513 Green Street, Key West, Tel.: 296 89 18.

Florida Keys Dive Center, MM 90, Tavernier, Tel.: 852 45 99.

Hall's Dive Center, MM 48, Marathon, Tel.: 743 59 29.

John Pennekamp Dive Center, MM 102, Key Largo, Tel.: 451 63 25.

Quiescence Diving Service, MM 103, Key Largo, Tel.: 451 24 40.

Treasure Divers, MM 85, Islamorada, Tel.: 664 51 11.

Freihändig entspannt

Segeln

Key Largo Holiday Harbor, MM 100, Key Largo, Tel.: 451 36 61.

Key West Seaport, 631 Green Street, Key West, Tel.: 292 1727.

Golf

Neben privaten Golfplätzen stehen auch zwei öffentliche zur Verfügung: Key Colony Beach Par-3 mit neun Löchern in der Nähe von Marathon, Tel.: 289 15 33, und der Key West Resort Golf Course mit 18 Löchern auf Stock Island, Tel.: 294 52 32.

Fahrradfahren

In folgenden Geschäften sind Mountainbikes, Coasters und Tandems zu mieten:
Adventure Rentals, 708 Duval Street, Key West, Tel.: 292 16 66.
KBC Bike Shop, MM 53, Marathon, Tel.: 289 16 70.

Kanufahren

Kanuvermietung und Kanuausflüge:
Coral Reef Park Company, MM 102, Key Largo, Tel.: 451 16 21.
Marie's Yacht Harbor Club, MM 53, Marathon, Tel.: 743 24 42.

NÜTZLICHE ADRESSEN

Touristenbüros

Die Hauptverwaltung der Florida Division of Tourism hat die Adresse 126 West Van Buren Street, Tallahassee, FL 32399, Tel.: 904-487 14 62. Die Regionalbüros erreichen Sie wie folgt:
Florida Keys & Key West Visitors Bureau, PO Box 1147, Key West, FL 33041, Tel.: 800-FLA-KEYS, 305-296 15 52.

Hier erhalten Sie ein kostenloses Unterkunftsverzeichnis.
Key Largo Chamber of Commerce, MM 104, 105950 Overseas Highway, Key Largo, FL 33037, Tel.: 451 14 14.
Islamorada Chamber of Commerce, MM 82,5, PO Box 915, Islamorada, FL 33036, Tel.: 664 45 03.
Marathon Chamber of Commerce, MM 48,7, 3330 Overseas Highway, Marathon, FL 33050, Tel.: 743 54 17.

Konsulate

Deutsches Konsulat, 100 N. Biscayne Blvd., Miami, FL 33132, Tel.: 305-358 02 90.
Österreichisches Konsulat, 1454 N.W. 17th Street, Suite 1820, Miami, FL 33125, Tel.: 305-373 77 94.
Schweizerisches Honorarkonsulat, 7301 S.W. 97th Ave., Miami, Tel.: 305-274 42 10.

BÜCHER

Apa Guide Florida, Apa Publications, München 1993.
Apa Pocket Guide Florida: Miami und der Süden, München 1993.
Hemingway, Ernest, *Haben und Nichthaben,* 1937, dt. 1951. Roman, der in einer Stadt an der Südspitze Floridas spielt.

Fischen im Sonnenuntergang

REGISTER

Fotografie Tony Arruza *und*
12, 13 Charles E. Bennett
16 John F. Kennedy Library, Boston
75(U) Key West Chamber of Commerce
75(O) Bud Lee

Handschriften V. Barl
Umschlagentwurf Klaus Geisler
Karten Berndtson & Berndtson